Rund um Schleswig

Angelner Schleidörfer

Zwischen Kappeln und Ostsee

Halbinsel Schwansen

Auf dem Deich bei Hasselberg, Tour 15

Schlei

Copyright Conrad Stein Verlag GmbH.
Alle Rechte vorbehalten.

Der Nachdruck, die Übersetzung, die Entnahme von Abbildungen, Karten, Symbolen, die Wiedergabe auf fotomechanischem Wege (z. B. Fotokopie) sowie die Verwertung auf elektronischen Datenträgern, die Einspeicherung in Medien wie Internet (auch auszugsweise) sind ohne vorherige schriftliche Genehmigung des Verlages unzulässig und strafbar.

Alle Informationen, schriftlich und zeichnerisch, wurden nach bestem Wissen zusammengestellt und überprüft. Sie waren korrekt zum Zeitpunkt der Recherche. Eine Garantie für den Inhalt, z. B. die immerwährende Richtigkeit von Preisen, Adressen, Telefon- und Faxnummern sowie Internetadressen, Zeit- und sonstigen Angaben, kann naturgemäß von Verlag und Autor – auch im Sinne der Produkthaftung – nicht übernommen werden.

Die Autor und der Verlag sind für Lesertipps und Verbesserungen (besonders per E-Mail) unter Angabe der Auflagen- und Seitennummer dankbar.

Dieses OutdoorHandbuch hat 160 Seiten mit 79 farbigen Abbildungen, 24 farbigen Kartenskizzen im Maßstab 1:50.000 und 1:75.000 und einer farbigen, ausklappbaren Übersichtskarte.
Es wurde auf chlorfrei gebleichtem, FSC®-zertifiziertem Papier gedruckt, in Deutschland klimaneutral hergestellt und transportiert und wegen der größeren Strapazierfähigkeit mit PUR-Kleber gebunden.

Dieses Buch ist im Buchhandel und in Outdoor-Läden erhältlich und kann im Internet oder direkt beim Verlag bestellt werden.

OutdoorHandbuch Band 355

ISBN 978-3-86686-455-9   2., überarbeitete Auflage 2022

Text und Fotos: Michael Hennemann
Karten: Heide Schwinn
Lektorat: Ricarda Kuschma
Layout: Alexandra Sauerland

Gesamtherstellung: gutenberg beuys feindruckerei

Dieses OutdoorHandbuch wurde konzipiert und redaktionell erstellt vom:

Conrad Stein Verlag GmbH,
Kiefernstr. 6, 59514 Welver,
☏ 023 84/96 39 12,
✉ info@conrad-stein-verlag.de,
🖳 www.conrad-stein-verlag.de

Besuchen Sie uns bei Facebook & Instagram:

 www.facebook.com/outdoorverlag

 www.instagram.com/outdoorverlag

Titelfoto: Denkmalgeschützte Klappbrücke in Lindaunis, Tour 10

Inhalt

Die Schlei	7
Reise-Infos	9
Anreise	9
Standorte und Unterkünfte	9
Verkehrsmittel	10
Wanderinfrastruktur	11
Karten und GPS	12
Wandern mit Kindern	13
Wandern mit Buggy	14
Wandern mit Hunden	15
Updates	15

Rund um Schleswig — 16

❶ Von Schloss Gottorf zur Fischersiedlung Holm (9 km) — 18
↻ *Stadtwanderung für Kulturinteressierte und Flaneure*

❷ Danewerk (12,8 km) — 28
↻ *Wanderung für Naturliebhaber und Geschichtsinteressierte*

❸ Haddebyer Noor und Haithabu (6,1 km) — 35
↻ *Tour für Familien, Naturliebhaber und Wikingerenthusiasten*

❹ Von Borgwedel über Louisenlund nach Fleckeby (9,6 km) — 40
↻ *Wanderung für Naturliebhaber*

Angelner Schleidörfer — 46

❺ Alte Kreisbahntrasse von Süderbrarup nach Schleswig (21,1 km) — 48
↻ *Tour für sportliche Naturliebhaber*

❻ Von Tolk an den Langsee (8,4 km) — 56
↻ *Tour für Familien*

❼ Füsinger Au bei Schaalby (9,8 km) — 61
↺ *Tour für wanderfreudige Wassermänner, Badenixen und ornithologisch Interessierte*

❽ Von Ulsnis nach Missunde (12 km) — 69
→ *Wanderung für sportliche Naturen und Schiffstouren-Fans*

❾ Kleine Ulsnisrunde (4,5 km) — 79
↺ *Spaziergang für Freunde von Heimatmuseen und Badestränden*

❿ Lindaunis (6,3 km) — 84
↺ *Wanderung für Genießer und Landarzt-Fans*

⓫ Süderbrarup (8,5 km) — 90
↺ *Wanderung für Naturliebhaber*

⓬ Ekenis und Boren (8,1 km) — 96
↺ *Rundtour für den Feierabendspaziergang*

Zwischen Kappeln und Ostsee — 100

⓭ Kappeln und Arnis (11,9 km) — 102
↺ *Wanderung für Liebhaberinnen und Liebhaber des maritimen Flairs*

⓮ Rabel (5,7 km) — 111
↺ *Kurzer Spaziergang für die ganze Familie*

⓯ Hasselberg (4,7 km) — 115
↺ *Tour für Sandburgen- und Strandfans*

⓰ Maasholm (9,1 km) — 120
↺ *Wanderung für Vogelfreunde und Fischereiliebhaber*

⓱ Steilküste Schönhagen (13,9 km) 128
↻ *Wanderung für Fans schroffer Küsten* 👥 🛒 🐾 🐾

Halbinsel Schwansen 134
⓲ Sieseby und Winnemark (14,5 km) 136
↻ *Wanderung für Genießer und Reetdach-Liebhaber*
👥 👥 🛒 🛒 🐾 🐾

⓳ Gut Stubbe (10,8 km) 141
↻ *Wanderung für Naturliebhaber, Genießer und Heimatkundler*
👥 👥 🛒 🛒 🛒

⓴ Bohnert (3,5 km) 147
↻ *Spaziergang für Kuchen- und Tortenliebhaber*
👥 👥 👥 🛒 🐾 🐾 🐾

㉑ Missunder Steilkliff (7 km) 150
↻ *Wanderung für Naturliebhaber* 👥 👥 🛒 🐾 🐾

㉒ Windebyer Noor (11,6 km) 154
↻ *Wanderung für Natur- und Stadtentdecker* 👥 👥 🛒 🛒 🐾 🐾

☺ Eine **Übersichtskarte** des Weges, **Autorenprofil** sowie eine Liste aller verwendeten **Symbole** in diesem Buch finden Sie auf den vorderen und hinteren Umschlagseiten bzw. -klappen.

Die Schlei

Mal weitläufig wie ein See, mal schmal wie ein Fluss. Während die breiteste Stelle zwischen Schleswig und Missunde ungefähr 4 km misst und folgerichtig, aber wenig kreativ „Große Breite" genannt wird, trennen an der schmalsten Verengung bei Missunde gerade einmal 135 m die beiden Ufer. Aber der flüchtige Blick auf die Landkarte täuscht: Die Schlei ist weder Fließgewässer noch Seenkette, sondern ein lang gestreckter Meeresarm der Ostsee, der sich über 40 km in das Land hinein zieht und die beiden Halbinseln Angeln und Schwansen voneinander trennt.

Die wohlklingende und werbewirksame Bezeichnung „Ostseefjord Schlei" ist unter Wissenschaftlern allerdings mehr als umstritten. Einigkeit herrscht dabei nicht einmal darüber, ob es sich bei der Schlei tatsächlich um eine Förde handelt, denn einige Gelehrte sind der Ansicht, dass die Schlei im Gegensatz zu Flensburger und Kieler Förde nicht direkt von den Gletschern der Weichsel-Eiszeit ausgeschürft wurde, die vor rund 11.000 Jahren zu Ende ging, sondern als Abflussrinne für das Schmelzwasser diente.

Aber egal, ob Fjord, Förde oder was auch immer: Die Schlei ist ein ganz besonderes Gewässer und hat Wanderern und Naturliebhabern so einiges zu bieten. Da ist die idyllische, von der Eiszeit geformte Landschaft mit sanften Hügeln, die im Mai zur Zeit der Rapsblüte goldgelb leuchten und die von sich malerisch dahinschlängelnden Straßen oder Wegen durchzogen und von kleinen Buchenwäldern aufgelockert werden. Da sind immer wieder tolle Ausblicke auf die ausgedehnten, von Schilf gesäumten Wasserflächen, an deren Ufern kleine Sandbuchten locken, und nette Dörfer mit reetgedeckten Katen und jahrhundertealten Feldsteinkirchen oder kleine Städtchen wie Kappeln, das als fiktives „Deekelsen" die Kulisse für die Fernsehserie „Der Landarzt" bildete. Und da sind auch jede Menge kulinarische Entdeckungen in malerischen Landcafés oder rustikalen Dorfgasthöfen.

Ein Geheimtipp ist die Schlei allerdings spätestens seit dem Frühjahr 2021 nicht mehr. Als eine von vier Tourismus-Modellregionen in Schleswig-Holstein nach dem zweiten Corona-Lockdown, konnten die Hotels und Campingplätze hier schon wieder Gäste empfangen, als überall sonst in Deutschland noch kein Urlaub möglich war. Die Touristen kamen in Scharen und die deutschlandweite Aufmerksamkeit hat der Region einen anhaltenden Tourismus-Boom beschert, der vielerorts zu Problemen führt. So kann es gerade an den beliebten Touristenorten wie Kappeln oder Arnis an sonnigen Ferientagen rappelvoll werden. Dann platzen die Parkplätze aus allen Nähten, weil praktisch jeder mit dem Auto anreist und sich die Tagesgäste aus Kiel oder Hamburg zu den Urlaubern gesellen. Die Verantwortlichen des Tourismusmarketings haben das Problem aber erkannt und arbeiten an Lösungen. So ist für die Zukunft z. B. ein Ampelsystem im Internet geplant, dass auf einen Blick zeigt, wie viel gerade an einem bestimmten Ort los ist, sodass sich die Gäste besser über die Region verteilen.

Bei Schleimünde trifft die Schlei auf die Ostsee, wo weite Sandstrände zum Baden und Wandern einladen. Besonders imposant ist das Schönhagener Kliff und der Ausblick auf die tosende Brandung aus 18 m Höhe einfach einmalig.

Steg vor Gut Stubbe, Tour 19

Schon lange bevor der heutige Nord-Ostsee-Kanal gebaut wurde, diente die Schlei in Verbindung mit den Flüssen Eider und Treene als Verkehrsweg zwischen den beiden Meeren. Im 9. und 10. Jh. entwickelte sich das Wikingerdorf Haithabu, am Südufer der Schlei gegenüber dem heutigen Schleswig gelegen, zu einer der bedeutendsten Siedlungen im nördlichen Europa, und bei einer Wanderung auf dem Danewerk oder einem Besuch des Wikingermuseums in Schleswig wird die Wikingerzeit lebendig. Sie sehen: Es gibt viel zu entdecken rund um die Schlei und wenn Sie nicht gerade in der Hochsaison, sondern im Frühling oder im Herbst kommen, können Sie die einmalige Natur und die zauberhaften Dörfer nach wie vor ganz in Ruhe und ohne Trubel erleben. Worauf warten Sie noch?

Reise-Infos

Anreise

Die Schlei liegt in Deutschland ganz oben. Mit dem Auto ist die Region ab Hamburg am besten über die A7 Richtung Flensburg zu erreichen. Von den Abfahrten Owschlag, Schleswig-Jagel, Schleswig-Schuby oder Tarp geht es dann auf Bundes- oder Kreisstraßen zum jeweiligen Urlaubsort.

Die Fahrtzeit mit dem Regionalexpress oder Intercity von Hamburg nach Schleswig beträgt zwischen 1 Std. 30 Min. und 1 Std. 45 Min. Ebenfalls interessant für die Anreise zu den vorgestellten Touren sind die Bahnhöfe Rieseby und Süderbrarup an der Bahnlinie von Kiel nach Flensburg.

Standorte und Unterkünfte

In der gesamten Schleiregion stehen ausreichend Unterkünfte für jeden Anspruch und Geldbeutel zur Auswahl. Möglich ist alles vom Campingplatz über Ferienhaus, Familienbauernhof oder familiengeführte Pension bis hin zum Hotel direkt am Wasser.

Die höchste Hoteldichte finden Sie in Schleswig und Kappeln, in den Schleidörfern und Schwansen lockt ein breites Angebot an gemütlichen Pensionen oder Ferienhäusern für den längeren Aufenthalt.

Campingfreunde können Zelt oder Wohnwagen in Schleswig, Missunde oder Lindaunis direkt an der Schlei sowie in Hasselberg an der Ostsee aufbauen. Schöne Wohnmobilstellplätze mit guter Infrastruktur auch für den längeren Aufenthalt finden sich in Schleswig, Kappeln und Maasholm.

Hilfreich bei der Quartiersuche ist das virtuelle Gastgeberverzeichnis der regionalen Touristinformation:

- Ostseefjord Schlei GmbH, Plessenstraße 7, 24837 Schleswig, 046 21/85 00 56, ostseefjordschlei.de

Verkehrsmittel

Der öffentliche Personennahverkehr in der dünn besiedelten Schleiregion ist eher rudimentär. Die beiden einzigen Bahnhöfe in Schleswig und Süderbrarup liegen an verschiedenen Bahnstrecken und sind deshalb nicht direkt miteinander verbunden. In die kleineren Orte fahren die Busse, wenn überhaupt, nur etwa alle 2-3 Stunden, am Wochenende sogar noch seltener. Aktuelle Fahrpläne und Verbindungen finden Sie bei Bedarf unter www.nah.sh, eine telefonische Fahrplanauskunft erhalten Sie bei der Mobilitätszentrale am ZOB in Schleswig, 046 21/980 98.

Bei ein paar Touren ist die Anfahrt mit Bus oder Bahn nicht möglich. Hier kann das Taxi eine Alternative sein, falls Ihnen kein Auto zur Verfügung steht.

- Taxi Evers & Taxi Möller in Schleswig, 046 21/33 33 33
- Citytaxi Schleswig, 046 21/307 04 44
- Taxi Kortum in Schleswig, 046 21/277 77 77
- Minicar Thaysen in Süderbrarup, 046 41/93 39 20
- Taxi Ottenberg in Eckernförde, 043 51/50 00

Fähren, die die beiden Ufer der Schlei miteinander verbinden, verkehren in Missunde (ganzjährig) und Arnis (März-November). Im Sommer eröffnen mehrere Ausflugsdampfer zwischen Schleswig, Kappeln und Maasholm die Möglichkeit, eine Streckenwanderung mit einer Schiffsfahrt auf der Schlei zu kombinieren:

Mit der „Wappen von Schleswig" geht es von Missunde nach Ulsnis

- „Wappen von Schleswig", ☎ 046 21/233 19, 🖳 www.schleischifffahrt.de
- „Schlei Princess"/„Wikinger Princess", ☎ 046 42/65 32,
  🖳 www.schleiraddampfer.de
- „MS Stadt Kappeln", ☎ 046 42/61 84, 🖳 www.schlei-ausflugsfahrten.de

Wanderinfrastruktur

Einheitliche Markierungen oder ein zusammenhängendes Wegesystem, wie es in den deutschen Mittelgebirgen Standard ist, sucht man in der Schleiregion vergebens. Zwar lassen sich vielerorts schöne Wanderwege finden, aber jede Gemeinde kocht dabei mehr oder weniger ein „eigenes Süppchen". Die Folge ist ein buntes, kreatives Potpourri an unterschiedlichen Markierungen, die von Hochglanzinfotafeln über Holzpfeiler mit farbigen Dreiecken bis hin zu Tiersymbolen reichen. Mitunter steht auch nur ein schlichter Wegweiser mit der Aufschrift „Wanderweg" ohne weitere Angaben neben der Straße.

Trotz der wenig professionellen Wegweisung brauchen sich viele Wanderwege aber nicht hinter den zertifizierten Premiumwanderwegen zu verstecken. Mithilfe der Tourenbeschreibungen und der GPS-Tracks, die Sie kostenlos herunterladen können (☞ Karten und GPS), sollte die Wegfindung keine Probleme bereiten.

Vielerorts laden schöne Landcafés oder urige Dorfgasthöfe zur Einkehr ein. Wenn Sie in der Nebensaison unterwegs sind, müssen Sie sich allerdings auf eingeschränkte Öffnungszeiten einstellen und in den Wintermonaten Januar/Februar bleibt so manche Küche kalt, da sich der Gastwirt auf die neue Saison vorbereitet.

Die angegeben Öffnungszeiten sind so genau wie möglich recherchiert, da sie aus Erfahrung aber ständigen Änderungen und Anpassungen unterworfen sind, empfiehlt es sich im Zweifel, vorab kurz anzurufen, um nicht mit knurrendem Magen vor verschlossener Tür zu stehen. Die Kontaktdaten finden Sie in der Tourenbeschreibung.

Karten und GPS

Als gute Ergänzung zur den Routenbeschreibungen eignen sich:

- Kompass-Wanderkarte **708 Ostseefjord Schlei-Schleswig** im Maßstab 1:35.000,
- die freitag & berndt **Rad- und Wanderkarte Naturpark Schlei** im Maßstab 1:50.000,
- oder die Wander- und Freizeitkarten des Landesamts für Vermessung und Geoinformation Schleswig-Holstein im Maßstab 1:50.000, und zwar: **Blatt 05: Schleswig-Eckernförde** für das Gebiet zwischen Schleswig und Kappeln und **Blatt 04: Flensburg-Kappeln** für alle Touren nördlich von Kappeln.

☺ Die Kartenempfehlungen wurden von der Geobuchhandlung Kiel überprüft. 🖥 www.geobuchhandlung.de

Die GPS-Tracks zu den beschriebenen Wegen können Sie von der Internetseite des Verlags (🖥 www.conrad-stein-verlag.de) herunterladen.

- Tipps zum Umgang mit dem GPS-Gerät finden Sie in dem Ratgeber „**GPS – Grundlagen · Tourenplanung · Navigation**" von Michael Hennemann, Conrad Stein Verlag, ISBN 978-3-86686-495-5, € 9,90.

Unterwegs auf der alten Trasse der einstigen Kreisbahn zwischen Süderbrarup und Schleswig, Tour 5

Wandern mit Kindern

Die beschauliche Schleiregion eignet sich perfekt für den Urlaub mit Kindern und viele der vorgestellten Touren sind gut für Kinder geeignet. Gefährliche Passagen oder stärker befahrene Straßen gibt es nur in Ausnahmefällen und unterwegs lassen Badestellen mit flach abfallendem Strand, schöne Spielplätze und, nicht zu vergessen, die vielfältige Natur keine Langeweile aufkommen.

Natürlich gelten beim Wandern mit Kindern aber andere Maßstäbe und es muss genug Zeit zum Toben, Entdecken und Spielen eingeplant werden. So wird aus einem kurzen Spaziergang schnell eine Halbtagestour und eine mittellange Wanderung, die man ansonsten schon zu Mittag bewältigt hätte, nimmt gleich den kompletten Tag in Anspruch.

Was möglich ist und was nicht, hängt dabei auch stark von der aktuellen Tagesform ab. Bereitet an einem guten Tag selbst eine ausgedehnte Wanderung keine Probleme, so kann schon beim nächsten Mal der Enthusiasmus, mit Eimer und Schaufel im Sand zu werkeln, so groß werden, dass der Zeitplan bereits am ersten Strand oder Spielplatz gefährlich ins Wanken gerät.

Wandern mit Buggy

Eine Vielzahl der Touren lässt sich gut mit Kinderwagen oder sogar einfachen Buggys fahren. Die Höhenunterschiede sind nicht der Rede wert und Hindernisse wie enge Umlaufsperren oder Treppenstufen bilden bei den vorgestellten Touren die absolute Ausnahme. Entsprechende Hinweise zu Abschnitten, die Probleme bereiten können, finden Sie selbstverständlich in der Streckenbeschreibung. Während Touren, die asphaltierten Straßen oder befestigten Wanderwegen folgen, keine besonderen Ansprüche an den fahrbaren Untersatz stellen, macht sich auf etwas naturnäheren Wanderwegen mit dem falschen Gefährt schnell Frust breit.

Für längere Touren ist daher ein geländegängiger Kinderwagen die beste Wahl. Entscheidend ist dabei die Bereifung. Große Luftreifen gleichen kleinere Unebenheiten der Fahrbahnoberfläche aus und federn Stöße auf holprigen Wegen ab, so dass – gerade bei Neugeborenen besonders wichtig – die Wirbelsäule geschützt wird.

Im Hafen von Eckernförde

Außerdem rollen sie ohne Murren über Schlaglöcher und kleinere Hindernisse hinweg und blockieren nicht bei jedem heruntergefallenen Ästlein auf dem Weg. Wenn sich dann noch die Vorderräder feststellen lassen, damit auch auf ruckeligen Feldwegen ein guter Geradeauslauf gewährleistet ist, steht dem Wandervergnügen mit Kinderwagen nichts im Weg.

Wandern mit Hunden

Die Schleiregion ist bei Hundefreunden sehr beliebt. Die Mehrzahl der vorgestellten Touren ist problemlos für Hunde machbar und in der ländlichen Umgebung gibt es genug Platz zum Herumtoben. Zahlreiche Unterkünfte vom Campingplatz über Ferienwohnungen bis zum Hotel haben sich auf den Aufenthalt von Vierbeinern eingestellt und sowohl entlang der Schlei als auch an der Ostsee sind spezielle Abschnitte für Hunde ausgewiesen, in denen diese frei laufen und im Wasser baden können. Handtuch zum Abtrocknen nicht vergessen, wenn man anschließend mit dem Hund noch eine Gaststätte aufsuchen möchte!

Updates

Der Conrad Stein Verlag veröffentlicht Updates zu diesem Buch, die direkt vom Autor oder von den Lesern dieses Buches stammen. Sie finden diese auf der Verlagshomepage 💻 www.conrad-stein-verlag.de. Der rechts abgebildete QR-Code führt Sie direkt dorthin.

Rund um Schleswig

Uferpromenade, Tour 1

❶ Schleswig: Von Schloss Gottorf zur Fischersiedlung Holm

Stadtwanderung für Kulturinteressierte und Flaneure

Schloss Gottorf, auf dem jahrhundertelang die Gottorfer Herzöge residierten, ist Ausgangspunkt dieser Tour, die zahlreiche kulturelle Höhepunkte der Schlei- und Kulturstadt Schleswig verbindet, die über Jahrhunderte in der Geschichte von Schleswig-Holstein eine herausragende Rolle gespielt hat. Dabei handelt es sich aber nicht um einen Stadtrundgang im klassischen Sinn, sondern vielmehr um einen ausgedehnten Spaziergang auf überwiegend befestigten, ruhigen Wegen mit kurzen Abschnitten über Straßen.

Auf der Rückseite der Fußgängerzone geht es in die romantische Fischersiedlung Holm und weiter unter Aufsicht des St.-Petri-Doms zum Stadthafen, wo vielfältige Einkehrmöglichkeiten direkt am Wasser locken. Zum Finale führt die Schleipromenade über die Königswiesen mit der Badestelle Luisenbad zurück zum Startpunkt und alle, die sich für Kultur interessieren, finden im Schloss gleich zwei Landesmuseen.

↻	Start/Ziel: Schloss Gottorf, Schlossinsel 1, 24837 Schleswig, GPS N 54°30.671' E 009° 32.450'
⟳	9 km
⧖	ca. 3 Std.
↑↓	90 m/90 m
⇧	0-40 m
✎	Die Strecke ist nicht markiert.
👟	Die Strecke verläuft überwiegend auf befestigten Wanderwegen und Gehwegen.
✕	Konditorei & Brasserie Occo am Schloss Gottorf (km 0 bzw. km 9), diverse Restaurants am Stadthafen (km 6,7), Strandhalle (km 7,7), Restaurant Riva (km 8,5)
☕	Café Stampfmühle (km 1), Holm Café (km 6,3)
⊓	ausreichend Sitzgelegenheiten im gesamten Streckenverlauf
WC	Schloss Gottorf (km 0 bzw. km 9), am Eingang zum Barockgarten (km 2)
🛒	großer Supermarkt hinter der Altstadt (km 4,6)
🏊	Luisenbad an den Königswiesen (km 7,5)

👫	Mit größeren, wandererprobten Kindern gut machbar, bei Bedarf lässt sich die Tour aber auch beliebig abkürzen. Höhepunkt sind die weitläufigen Königswiesen mit zwei großen Spielplätzen, Minigolf und Badestelle.
🛒	Die Wege sind durchgehend gut mit Kinderwagen zu befahren. Die Treppenstufen zwischen Innenstadt und Holm lassen sich problemlos auf dem Gehweg entlang der Straße umgehen.
🐕	Die Tour ist für Hunde bedingt geeignet, im zweiten Abschnitt gibt es längere Abschnitte auf Asphalt oder Plattenwegen.
🚌	Der ZOB befindet sich zentral in der Innenstadt (ca. 300 m ab Stadthafen auf der Plessenstraße).
🚆	Der Schleswiger Bahnhof liegt ca. 1,5 km von Schloss Gottorf entfernt im Stadtteil Friedrichsberg.
🅿	großer, kostenfreier Parkplatz am Schloss Gottorf, alternative Parkplätze am Stadthafen (Am Stadthafen, 24837 Schleswig, GPS N 54°30.694' E 009°34.180') sowie im Parkhaus am ZOB (Königstraße, 24837 Schleswig, GPS N 54°30.910' E 009°33.936') (beide ebenfalls kostenlos, aber zeitlich beschränkt)

Startpunkt für diese Tour ist der große Parkplatz vor Schloss Gottorf, der wohl eindrucksvollsten Schlossanlage in ganz Schleswig-Holstein.

Die ehemalige Residenz der Gottorfer Herzöge beherbergt heute gleich zwei Landesmuseen mit Sammlungen der Kunst und Kulturgeschichte vom hohen Mittelalter bis zur Gegenwart sowie der Archäologie, die einen Rückblick auf 120.000 Jahre Landesgeschichte bieten.

⌘ Schleswig-Holsteinische Landesmuseen Schloss Gottorf, Schlossinsel 1, 24837 Schleswig, ☏ 046 21/81 32 22, 🖥 www.schloss-gottorf.de, 🕘 Apr.-Okt. Mo-Fr 10:00-17:00, Sa/So 10:00-18:00, Nov.-März Di-Fr 10:00-16:00, Sa/So 10:00-17:00

✕ Konditorei & Brasserie Occo, ☏ 046 21/852 47 00, 🕘 Mi -So 11:00-17:00

Vom Parkplatz laufen Sie auf dem Weg links oder rechts um das Schloss herum durch den mit über 50 Skulpturen geschmückten Park und folgen auf der Rückseite am Atelier Hans Wimmer dem Schild „Globushaus/Barockgarten 600 m" geradeaus auf die breite Allee. Im nächsten Abschnitt verläuft die Wanderung auf dem Gottorfer Gartenpfad und Schautafeln informieren über die Hintergründe der gärtnerischen Sehenswürdigkeiten am Wegesrand.

Nach knapp 500 m endet die Schlossallee unterhalb des Globushauses und Sie folgen der Straße nach links bis zum Terrassencafé Stampfmühle mit der Möglichkeit zur Einkehr oder einer Partie Minigolf.

☕ Café Stampfmühle, Stampfmühle 1, 24837 Schleswig, ☏ 046 21/30 60 84 43, 🖥 www.stampfmuehle.de, 🕘 Sommerferien tgl. 11:00-21:00, Juni-Aug. Mo-Sa 13:00-20:00, So/Fei 11:00-20:00, Apr./Okt. Mo-Sa 13:00-18:00, So/Fei 11:00-18:00, Mai+Sept. Mo-Sa 13:00-19:00, So/Fei 11:00-19:00

Direkt gegenüber führt nach rechts ein mit Natursteinen gepflasterter und für Autos gesperrter Pfad leicht bergan. An den folgenden beiden Weggabelungen halten Sie sich jeweils rechts und stehen jetzt am oberen Ende des Barockgartens mit weitem Blick über Globushaus und Schloss. Nachdem Sie das Panorama genossen haben, nehmen Sie die nach rechts absteigenden Treppenstufen und biegen unten nach rechts in den breiten Weg ein.

🚼 Um mit dem Kinderwagen die Treppenstufen zu umgehen, schieben Sie oberhalb der Stufen noch etwa 50 m weiter geradeaus und biegen dann bei den Häusern scharf nach rechts.

Schloss Gottorf

Der breite Wanderweg führt am Zaun auf der Ostseite des Barockgartens entlang zurück in Richtung Schloss.

Ab 1637 beauftragte Herzog Friedrich III. seinen Hofgärtner Johannes Clodius mit der Anlage eines neuen Gartens für seine Residenz, der als erster Terrassenbarockgarten nach italienischem Vorbild in Mitteleuropa gilt.

Als Erstes wurden Herkulesteich und eine höher gelegene Terrasse angelegt, 1650 kam ein Lusthaus im Stil der Spätrenaissance hinzu, das den Gottorfer Globus beherbergte.

Dieser Riesenglobus mit einem Durchmesser von 3 m war begehbar und stellte Erde und Himmel gleichzeitig dar. Während die Außenseite die gesamte zur damaligen Zeit kartografierte Welt darstellte, spiegelte die Innenseite wie ein Planetarium die Sterne am Himmel wider.

Friedrichs Sohn Herzog Christian Albrecht ließ den Garten in nördliche Richtung um vier Terrassen erweitern und auf der obersten Terrasse mit der Amalienburg ein weiteres Lusthaus errichten. Nachdem Zar Peter der Große den Gottorfer Globus 1713 hatte abtransportieren lassen, begann der Verfall des Gartens. 1864 wurde Schloss Gottorf zur preußischen Kaserne und der Garten als Reitplatz genutzt.

Der Globus brannte in St. Petersburg vollständig aus und es sind nur noch Reste des Oiginals erhalten. Mit der Gründung der Stiftung Schleswig-Holsteinische Landesmuseen wurde der barocke Terrassengarten restauriert und erstrahlt nun in alter Blüte. Zahlreiche Stiftungen trugen zur Finanzierung einer originalgetreuen Replik des Gottorfer Globusses nach historischen Unterlagen bei und im Mai 2005 wurde das moderne Globushaus eröffnet.

⌘ Gottorfer Globus und Barockgarten, ☏ 046 21/81 32 22,
🖥 www.schloss-gottorf.de, 🗓 29.03.-31.10. Mo-Fr 10:00-17:00, Sa/So 10:00-18:00

Globushaus

Am Teich ❶ unterhalb des Globushauses halten Sie sich auf Höhe der Herkulesstatue links und kommen auf die Neuwerkstraße. Sie überqueren die Flensburger Straße und folgen dem Wegweiser Richtung Polizei, Schwimmbad und Jugendherberge. Bei der Kreuzung am Ende wenden Sie sich schräg nach links auf den Fußweg (Michaelisallee) und laufen rechts unterhalb des Sportplatzes weiter.

Rund um Schleswig | ❶ Von Schloss Gottorf zur Fischersiedlung Holm

Zur Rechten öffnet sich der Blick auf die Schlei, die an ihrem Westufer vom markanten Wikingerturm, einem achteckigen, 90 m hohen Hochhaus am Südufer der Schlei, überragt wird. Im weiteren Verlauf taucht dann voraus auch der St.-Petri-Dom am Horizont auf.

Sie folgen dem Fußweg an einem Bolzplatz vorbei auf der Rückseite der Fußgängerzone bis zur Lutherstraße, in die Sie nach rechts einbiegen. Nach Überqueren der Bismarckstraße kommen Sie zum Gemeindehaus Michaelisberg und laufen entgegen dem Uhrzeigersinn darum herum. Auf der Rückseite erreichen Sie eine Pforte und eine schmale Gasse führt hinab in die Michaelisstraße. Hier wenden Sie sich kurz nach links, biegen aber gleich vor dem Fotostudio nach rechts auf den Carlsengang ab. 30 m weiter folgen Sie an der Kreuzung der Faulstraße nach links und kommen in einer Kurve zum Polierteich ❷, wo Sie der Straße Kattsund für etwa 300 m nach rechts folgen.

Vor dem Haus mit der Nummer 11 halten Sie sich links und erreichen einen großen 🛒 Supermarkt und eine Bäckerei. Laufen Sie vor der Bäckerei ein paar Schritte nach links und dann gleich bei dem Asiarestaurant nach rechts auf die Klosterhofer Straße. Nach etwa 400 m können Sie der Straße den Rücken kehren, über etwa 30 Stufen hinabsteigen und dem Wanderweg nach links folgen.

🚶 Um die Treppen zu umgehen, können Sie der Straße für weitere 300 m folgen und dann nach rechts in den Holmer Noorweg abbiegen.

Vor dem Schulgelände der Kreishandwerkerschaft beim Wegweiser „Holm 0,5 km" folgen Sie dem Holmer Noorweg nach rechts, biegen dann in der folgenden Linkskurve nach links auf den Fußweg ab und laufen knapp 100 m weiter bis zur Straße Am St. Johanniskloster, der Sie nach rechts in Richtung Schleswig folgen.

✝ Das St.-Johannis-Kloster wurde um 1200 gegründet und gehört zu den am besten erhaltenen mittelalterlichen Klosteranlagen in Schleswig-Holstein. Das Gelände selbst ist frei zugänglich, Klosterkirche und Kapitelsaal können aber nur im Rahmen einer Führung besichtigt werden.

◆ St.-Johannis-Kloster, Anmeldung bei der Priorin vor Ort oder unter
   ☎ 046 21/242 36 bzw. 📱 015 25/367 89 31

Schleswig-Holstein-Lied

Auf dem Friedhof des St.-Johannis-Klosters findet sich die Grabstätte des Organisten Carl Gottlob Bellmann (1772-1861), der die Melodie der Landeshymne komponiert hat.

Bekannter als der offizielle Titel „Wanke nicht, mein Vaterland" ist die erste Zeile mit den Worten „Schleswig-Holstein, meerumschlungen ...". Der Text stammt aus der Feder des Schleswiger Rechtsanwalts Matthäus Friedrich Chemnitz, der den ersten Entwurf des Berliner Dichters Karl Friedrich Straß als nicht kühn genug empfang, um dem aufkommenden Nationalismus Gehör zu verschaffen und ein deutliches Bekenntnis zu einem deutschen, von Dänemark unabhängigen Schleswig-Holstein abzulegen. Bei der Ur-Aufführung wurde das Lied auf dem Sängerfest 1844 auf der Schleswiger Schützenkoppel so begeistert aufgenommen, dass es mehrmals wiederholt werden musste und kurzerhand sogar eilig geschriebene Handzettel mit dem Text verteilt wurden, damit jeder mitsingen konnte.

Am Übergang von der Straße Am St. Johanniskloster zur Süderholmstraße können Sie auf der Süderdomstraße nach links bis zur Schlei vorlaufen, wo malerisch die Netze der Fischer in der Sonne trocknen. Geradeaus bringt Sie die Süderholmstraße ins Zentrum der engen, kopfsteingepflasterten Gassen rund um den großen Friedhof mit einer Kapelle von 1876 ❸.

Der Holm war noch bis 1933 eine Insel, bevor die Fischersiedlung mit der Stadt Schleswig verbunden wurde. Heute präsentiert er sich als idyllisches Plätzchen, an dem die Atmosphäre längst vergangener Zeiten festgehalten zu sein scheint, aber Fischer gibt es heute nur noch wenige. Längst sind die charmanten Giebelhäuser mit Gärten bis ans Schleiufer zu einer beliebten Wohngegend geworden.

Am nordwestlichen Ende des Friedhofs, wo die Norderholmstraße auf die Süderholmstraße trifft, lädt das Holm Café zu Kaffee und Kuchen ein und Sie kehren der Fischersiedlung auf der Süderholmstraße den Rücken.

- Holm Café, Süderholmstraße 15, 24837 Schleswig, ☏ 046 21/209 27, 🖥 www.holm-cafe.de, 🗓 März-Okt. Mi-So 13:00-18:00, im Winter verkürzte Öffnungszeiten entsprechend der Ansage auf dem Anrufbeantworter

Am Zugang zur Fischersiedlung Ecke Süderholm/Knud-Laward-Straße dokumentiert das Holm-Museum den Wandel des Stadtteils mit zahlreichen historischen und aktuellen Fotografien.

⌘ Holm-Museum, Süderholmstraße 2, 24837 Schleswig, ☏ 046 21/93 68 20, 🖥 www.stadtmuseum-schleswig.de, 🕐 Di-So 10:00-17:00, Eintritt frei

Folgen Sie am Museum dem Gehweg neben der Straße nach links bis zum Schleswiger Stadthafen.

Zu Beginn des Hafens lohnt sich auf der Hafenstraße nach rechts ein etwa 300 m langer Abstecher zum Schleswiger Dom. Das Schleswiger Wahrzeichen wurde zum ersten Mal 1134 in einer Urkunde erwähnt, durch mehrere Anbauten in den folgenden Jahrhunderten entstand die heutige gotische Hallenkirche. Der neugotische Kirchturm aus dem 19. Jahrhundert ist 112 m hoch und damit in Schleswig-Holstein die Nummer 2 nach der Marienkirche in Lübeck. Im Inneren beherbergt der Dom eine ganze Reihe hochkarätiger kulturhistorischer Sehenswürdigkeiten.

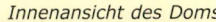

Innenansicht des Doms

> Ein Meisterwerk der mittelalterlichen Holzschnitzkunst ist der 12 m hohe und über 7 m breite, dreiflügelige Bordesholmer Altar von Hans Brüggemann.
>
> ✝ St.-Petri-Dom, ☎ 046 21/98 95 95 (Domküsterei), 🕓 Mai-Sept. 9:00-17:00, Okt.-Apr. 10:00-16:00, regelmäßige Führungen tgl. 14:30 von Mitte Juni bis Ende August

✕ 🍽 Am Hafen bieten gleich mehrere Cafés, Bistros und Restaurants direkt am Wasser die Möglichkeit zur Einkehr und vom Eis auf die Hand über frisch gebackenen Kuchen und deftige Hausmannskost bis zur gehobenen maritimen Küche ist für jeden Geschmack etwas dabei.

Direkt an den Hafen grenzt der große und beliebte 🚐 Wohnmobilstellplatz (🖥 www.wohnmobilplatz-schleswig.de) mit Blick auf die Schlei. Biegen Sie davor beim ✕ Bistro Alte Liebe auf die Uferpromenade, die Sie auf die Königswiesen bringt. Der zentrale, etwa 16 ha große Stadtpark erhielt seine heutige Form 2008 im Rahmen der ersten schleswig-holsteinischen Landesgartenschau und ist ein beliebtes Naherholungsgebiet. Dank mehrerer Spielplätze, einer Minigolfanlage, einer Hundebadestelle und einer Skaterrampe ist für jeden Geschmack etwas dabei.

Am Ende lädt das Luisenbad (kostenlos) zu einem Sprung ins kühle Nass oder einem Sonnenbad oder Picknick auf dem Mini-Strand ein und direkt nebenan liegt der größte von mehreren Spielplätzen auf den Königswiesen.

Vom Luisenbad leiten Sie mehrere Wassersportvereine bis zum Restaurant Strandhalle, wo Sie sich nach links wenden und weiter der Uferpromenade folgen.

✕   Hotel/Restaurant Strandhalle, Strandweg 2, 24837 Schleswig, ☎ 046 21/90 90,
    🕓 tgl. 12:00-21:30, Mi. Ruhetag

Vorbei an der etwa 1,70 m hohen „Schleswigerin", einer Bronzeskulptur des Bildhauers Constantin Weber, führt die Uferpromenade parallel zum Gottorfer Damm in westliche Richtung, vorbei am Restaurant Riva am Anleger des Ausflugsdampfers „Wappen von Schleswig".

✕   Restaurant Riva, Gottorfer Damm 1, 24837 Schleswig, ☎ 046 21/222 55,
    🕓 tgl. 12:00-13:30 und 18:00-21:30, Di nur 18:00-21:30, Mo Ruhetag

Königswiesen – im Hintergrund der St.-Petri-Dom

Auf dem Fußweg am Gottorfer Damm gelangen Sie dann in den äußersten Zipfel der Schlei und kommen über die Brücke nach rechts zurück auf die Schlossinsel.

Stadtmuseum Schleswig
In der direkten Verlängerung der Zufahrt zum Schloss Gottorf nach Süden liegt ein Adelshof aus dem 17./18. Jh., in dem einst die Gottorfer Herzöge ihre Gäste einquartierten. Seit 1932 beherbergt der Günderothsche Hof das Stadtmuseum. Es dokumentiert die Stadtgeschichte vom Mittelalter bis zur Gegenwart, zeigt Werke hiesiger Künstler und im Teddy Bär Haus finden sich seltene Plüschbären bekannter Hersteller wie Steiff, Hermann und Schuco sowie zahlreiche weitere Stofftiere. Ein echtes Schmankerl für Fotoliebhaber ist das S-Foto Forum, in dem das Stadtmuseum zusammen mit dem Fotoclub Schleswig zahlreiche Workshops, Diaschauen und Vorträge anbietet sowie hochkarätige Ausstellungen namhafter Fotografen präsentiert.

⌘ Stadtmuseum Schleswig, Friedrichstraße 9–11, 24837 Schleswig,
☎ 046 21/93 68 20, 🖥 www.stadtmuseum-schleswig.de, 🕙 Di-So 10:00-17:00

❷ Danewerk

Wanderung für Naturliebhaber und Geschichtsinteressierte

Das Danewerk (dänisch: Danevirke od. Dannevirke) gilt als das größte archäologische Bodendenkmal in Nordeuropa und wurde 2018 in die Liste des UNESCO-Weltkulturerbes aufgenommen. Auch wenn der mächtige, über fünf Jahrhunderte erbaute Verteidigungswall nicht mehr überall in der Landschaft zu erkennen ist, sind die Spuren der Vergangenheit auf dieser Tour allgegenwärtig. Inzwischen hat sich entlang der bis zu 7 m hohen Wälle eine einzigartige Natur entwickelt, sodass die Wanderung nicht nur aus archäologischer Sicht ein echtes Highlight ist.

- ↻ Start/Ziel: Parkplatz an der B77 in Busdorf, GPS N 54°29.410' E 009°33.344'
- ↻ 12,8 km
- ⧖ 4 Std.
- ↑↓ 100 m/100 m
- ⇧ 10-40 m
- ✎ Die vorgestellte Route folgt über weite Strecken dem Europäischen Fernwanderweg E1 und ist mit einem weißen „X" gekennzeichnet.
- 👣 Ein kleinerer Teil der Strecke führt über naturbelassene Waldwege, der Rest je zur Hälfte über befestigte Wanderwege und asphaltierte Gehwege.
- ✗ Unterwegs gibt es keine Einkehrmöglichkeiten.
- ⅂ㄒ Rastplatz an der rekonstruierten Schanze in der Nähe des Museums (km 5,4), ansonsten nur vereinzelt Sitzbänke
- 🛒 Supermarkt in Busdorf (km 11,1)
- 👨‍👩‍👧 Die Tour ist für Familien mit älteren Kindern geeignet und die alten Verteidigungswälle lassen unterwegs keine Langeweile aufkommen.
- 🚼 Aufgrund zahlreicher, z. T. langer Treppen, vor allem im östlichen Abschnitt rund um Haithabu, ist die Tour für Buggys ungeeignet.
- 🐕 Die Tour ist gut für Hunde machbar, in einigen Bereichen besteht aus Naturschutzgründen Leinenpflicht.
- 🚆 Der Schleswiger Bahnhof liegt etwa 1,5 km nördlich des Parkplatzes am Margarethenwall (km 1,5 bzw. km 9,8).
- 🅿 Als alternativer Startpunkt bietet sich der Parkplatz am Danevirke-Museum an, Ochsenweg 5, 24867 Dannewerk, GPS N 54°28.999' E 009°29.891'.

Wenden Sie sich am nördlichen Ende des Parkplatzes neben der B77 in Busdorf vor den Metalltreppen (am Ende der Tour kommen Sie hier vom Ringwall zurück) nach links auf den Radweg und wechseln Sie durch den Fußgängertunnel auf die gegenüberliegende Seite der Bundesstraße. Am Ausgang folgen Sie vor den Treppen dem Radwegweiser Richtung Busdorf nach links. Oben laufen Sie vor dem Autohaus nach rechts und biegen dahinter links in den Achterwall ein. Am Amt Haddeby geht es geradeaus auf die Alte Landstraße und hinter der Brücke über die Bahnschienen nach rechts. Ein paar Meter weiter kennzeichnet eine Informationstafel den Beginn des Margarethenwalls, wo Sie dem Wanderweg nach links in westliche Richtung folgen.

Hinter der Brücke über die Bahnstrecke 300 m weiter geradeaus steht rechts neben der Alten Landstraße eine originalgetreue Kopie des Skarthi-Steins, der 1857 zwischen zwei Grabhügeln im Gemeindegebiet von Busdorf entdeckt wurde und der inzwischen das Gemeindewappen schmückt. Die Inschrift in altdänischen Schriftzeichen auf dem um 1000 n. Chr. aufgestellten Runenstein lautet in der Übersetzung „Diesen Stein setzte König Sven für seinen Gefolgsmann Skarthi, der nach Westen gefahren war, aber nun fiel bei Haithabu."

Halbkreiswall Haithabu

Der Margarethenwall westlich von Busdorf stellt auf gut 3 km Länge die Verbindung zwischen dem Halbkreiswall um Haithabu und dem Hauptwall des Danewerks dar. Der Wanderpfad auf dem Befestigungswall bringt Sie durch den Wald, nach etwa 400 m steigen Sie über eine lange Metalltreppe hinab an den Rand eines Feuchtgebiets ❶ und wenden sich auf dem Wanderweg nach links. Hinter der Brücke über einen quer verlaufenden Wasserlauf erreichen Sie einen Parkplatz und klettern auf der gegenüberliegenden Seite über mehrere flache Stufen wieder auf den Margarethenwall.

Oben angekommen halten Sie sich links und folgen dem Wanderpfad neben einer breiteren Forstpiste. Er geht in einen Hohlweg über, der später zu einer asphaltierten Straße wird. Hinter der Hochspannungsleitung bringt Sie eine Brücke über die A7 und anschließend laufen Sie auf der Straße weiter geradeaus und kommen bei einem großen Bauernhof mit Biogasanlage nach Dannewerk. An der Kreuzung mit Mittelinsel und Sitzbank um den Baum geht es geradeaus auf der Dorfstraße weiter, an der nächsten Möglichkeit verlassen Sie das Ortsgebiet nach links Richtung Klein Rheide.

Nach knapp 500 m biegen Sie am Ende nach links auf die Straße (✋ kein Gehweg) und 100 m weiter an der nächsten Kreuzung nach rechts auf den Radweg an der stärker befahrenen Straße.

Noch einmal 500 m weiter folgen Sie an der Straßenkreuzung dem Wegweiser zum Danevirke-Museum nach rechts und erreichen den Parkplatz an der Wallanlage Danewerk ❷.

Der historische Grenzwall ist seit Juni 2018 zusammen mit der ehemaligen Wikingersiedlung Haithabu Teil des UNESCO-Weltkulturerbes. Bis voraussichtlich 2024 wird das Museum grundlegend modernisiert und soll dann mit einem größeren Gebäude, neuen Außenanlagen und einer neu konzipierten Ausstellung im neuen Glanz erscheinen und in dänischer und deutscher Sprache zu einer Zeitreise von den Anfängen des Befestigungswalls in der Eisenzeit über Wikingerzeit und Mittelalter bis in die jüngere Vergangenheit einladen. Schwerpunktmäßig wird dabei die Rolle des Danewerks in den Deutsch-Dänischen Kriegen im 19. Jh. beleuchtet, eine zweite Ausstellung trägt den Titel „Dansk i Sydslesvig " und informiert über die Geschichte der dänischen Minderheit in Südschleswig. Das alte Gebäude samt dem angrenzenden Historischen Gasthof Rothenkrug wird komplett abgerissen und man darf gespannt sein, was die den Bau begleitenden archäologischen Ausgrabungen unter den heutigen Gebäuden zutage fördern werden. Für die Dauer der Bauzeit wird ab dem Frühjahr 2022 ein vorübergehendes Informationszentrum am Parkplatz gegenüber eingerichtet.

Gegenüber der einmündenden Hauptstraße biegen Sie nach links vom Ochsenweg auf den breiten, geschotterten Wanderweg ab, der den Hauptwall des Danewerks begleitet.

Das Danewerk gilt als größtes archäologisches Bodendenkmal in Nordeuropa. Einst sicherte es die Südgrenze des dänischen Königreichs und erlaubte die Kontrolle des Zugangs nach Jütland und entlang der Handelsroute von der Nord- in die Ostsee über Haithabu. Ab 650 n. Chr. wurde mit dem Bau des mächtigen Verteidigungswalls begonnen, bis 1200 waren rund 30 km bis zu 7 m hohe Verteidigungswälle aus Erde, Holzpalisaden und Feldsteinen errichtet.

Etwa 250 m hinter dem Museum liegt mit der Waldemarsmauer aus dem 12. Jh. das älteste Ziegelbauwerk Nordeuropas am Wanderweg.

Eine herausragende Rolle spielte das Danewerk 1864 im Krieg zwischen Preußen und Dänemark, als die dänischen Truppen die mittelalterlichen Wallanlagen als Abwehrstellungen ausbauten. Eine dieser Schanzen wurde rekonstruiert und kann während der Wanderung in Augenschein genommen werden.

Dänische Minderheit

Ab der Mitte des 15. Jahrhunderts wurde der Norden des heutigen Schleswig-Holsteins abwechselnd von dänischen Königen und deutschen Herzögen regiert. In der zweiten Hälfte des 18. Jahrhunderts übernahm König Christian I. von Dänemark die Regentschaft, diesmal nicht nur über das Herzogtum Schleswig, sondern auch über den zweiten Landesteil, das Herzogtum Holstein.

Der zunehmende Nationalismus und Kopenhagener Bestrebungen, das Herzogtum Schleswig ins Königreich Dänemark einzugliedern, führten 1848 zu einem ersten Aufstand und schließlich 1864 zum Krieg. 1866 wurden die Herzogtümer Schleswig und Holstein dann zur preußischen Provinz. Nach der Niederlage Deutschlands im Ersten Weltkrieg wurde 1920 per Volksabstimmung die heutige Grenze festgelegt: Nordschleswig kam zu Dänemark, während Südschleswig sich für Deutschland entschied. Auf beiden Seiten der Grenze blieb eine Minderheit und heute leben in Schleswig-Holstein etwa 50.000 Dänen und etwa 15.000 Deutsche in Dänemark.

Der Wanderweg bringt Sie vorbei an der Waldemarsmauer bis zur rekonstruierten Schanze ❸, wo ein ⚲ Tisch mit Bänken zur Rast einlädt. Hier laufen Sie nach rechts weiter und erreichen eine Straße, in die Sie ebenfalls nach rechts einbiegen.

Die Straße bringt Sie parallel zum Wall in nordöstliche Richtung. Bei der Kreuzung mit Mittelinsel halten Sie sich rechts, an der folgenden Querstraße (rechter Hand liegt das Museum) laufen Sie geradeaus weiter und setzen die Wanderung auf dem unbefestigten Weg links vom Wall fort.

Nach gut 300 m bringen Sie sechs flache Treppenstufen auf die Wallkrone und es geht, begleitet von einem schmalen Bach, durch ein Buchenwäldchen.

Waldemarsmauer

Am Waldrand erstreckt sich voraus ein sanft gewelltes Mosaik aus Wiesen, Weiden und Waldstücken und Sie erreichen die Stelle, an der sich einst die Thyraburg erhob, eine von ehemals drei Burgen, die an strategischen Punkten das Danewerk sicherten. Außer der rechteckigen Grundfläche erinnert aber nichts mehr an die Burg aus dem 13. Jh. ❹.

Sie kehren dem Wall über die Stufen nach rechts den Rücken und laufen rechts von der Infotafel zur Flora und Fauna am Danewerk auf einen Hohlweg, der Sie an einer Wohnsiedlung auf eine Straße entlässt. Ein Stücken weiter bei den Glascontainern wenden Sie sich nach links. An der Straßengabelung hinter der Bushaltestelle folgen Sie weiter der Hauptstraße und biegen dann an der nächsten Möglichkeit beim Radwegweiser Richtung Haithabu/Schleswig nach rechts auf die Dorfstraße.

Sich an der Gabelung vor Hausnummer 6 links haltend erreichen Sie ein Seniorenheim, wo Sie links in die Rosenstraße einbiegen (Sackgasse).

Hinter dem letzten Bauernhof setzen Sie die Tour auf dem Feldweg fort. Er schlägt auf Höhe der vom Hinweg bekannten Biogasanlage einen rechten Winkel nach links und an der nächsten Kreuzung folgen Sie dem Radwegweiser nach rechts.

Bei der ungemütlichen Rastbank direkt neben der A7 folgen Sie der Straße in einer Kurve zur Brücke über die Autobahn. Nun laufen Sie auf dem bekannten Weg auf dem Margarethenwall bis zur langen Metalltreppe zurück und links daran vorbei.

Bald eröffnet sich ein schönes Panorama über den Busdorfer Teich und die Schlei mit der Silhouette von Wikingerturm und Dom in Schleswig am Horizont und der Weg klettert leicht bis zu einem beschrankten Bahnübergang hinauf, der auf Knopfdruck freigegeben wird.

Anschließend laufen Sie in einer Rechtskurve durch das Wohngebiet und an der ersten Kreuzung geradeaus weiter. An der folgenden T-Kreuzung bringt Sie die Bergstraße dann nach links zum 🛒 Supermarkt im Zentrum von Busdorf.

Folgen Sie hier dem Bürgersteig an der Rendsburger Straße kurz nach links und entscheiden Sie sich dann gleich für die erste Möglichkeit nach rechts (Sackgasse, Radwegweiser „Haithabu 1 km").

An der folgenden Gabelung nehmen Sie die Brücke über die Bundesstraße und auch an der nächsten Gabelung, die nach dem Ortsende erreicht ist, halten Sie sich links und folgen dem Schild in Richtung Freilichtbühne auf den kombinierten Rad-/Fuß- und Reitweg. Nach wenigen Schritten ist die Teerdecke zu Ende und es öffnet sich ein schönes Schleswig-Panorama. Der breite Weg setzt zu einer Rechtskurve an und im Scheitelpunkt halten Sie sich scharf rechts und laufen leicht bergan in südliche Richtung. Oben bietet sich ein schöner Blick über das Haddebyer Noor, dann senkt sich der Weg zum Nordtor des Ringwalls ab, der einst die Wikingersiedlung Haithaby schützte.

> ✋ Hier können Sie den Wanderweg für einen Abstecher zum Wikingermuseum Haithabu oder die Einkehr in Odins Gasthof (☞ Tour 3) nach links verlassen.

Um zum Startpunkt zurückzukommen, laufen Sie nach rechts über den Parkplatz ❺. Am Ende bringt Sie eine Metalltreppe hoch auf den Ringwall, wo sich ein eindrucksvolles Panorama über das Haddebyer Noor und die rekonstruierten Wikingerhäuser bietet.

Nach gut 350 m unterbricht ein Flusslauf den Wall und Sie steigen über eine Metalltreppe zur Brücke hinunter, die Sie aber nicht überschreiten, sondern wo Sie davor dem DVV-Wanderwegweiser nach rechts folgen und 350 m weiter wieder zurück am Ausgangspunkt sind.

❸ Haddebyer Noor und Haithabu

Tour für Familien, Naturliebhaber und Wikingerenthusiasten

Diese naturnahe Wanderung durch abwechslungsreiche Moränenlandschaft verläuft fast immer am Wasser und ist in weiten Teilen autofrei. Unterwegs locken Schilf, Buchen- oder Nadelwälder und immer wieder weite Ausblicke über das Noor bis hin zum Schleswiger Dom am gegenüberliegenden Schleiufer. Besonders eindrucksvoll ist der Blick vom Befestigungswall der einstigen Wikingermetropole Haithabu über die rekonstruierten Wikingerhäuser. Nach dem Besuch des berühmten Wikingermuseums kann man sich im Museumscafé oder ein paar Schritte weiter im Gasthof Odins mit großer Terrasse und Schleiblick für den letzten Tourenkilometer stärken.

↻	Start/Ziel: Parkplatz an der B76 Richtung Kiel/Eckernförde am nordöstlichen Zipfel des Haddebyer Noors, GPS N 54°30.058' E 009°34.958'
⮂	6,1 km
⏳	2 Std. 15 Min.
↑↓	90 m/90 m
⇧	0-30 m
🏷	Die Strecke auf der Westseite des Haddebyer Noors ist Teil des Europäischen Fernwanderwegs E1/E6 und sporadisch mit einem weißen X markiert.
🚰	Die Strecke verläuft zum größten Teil auf gut begehbaren Wanderwegen und zum Schluss ein kurzes Stück über den asphaltierten Gehweg neben der Bundesstraße.
✕	Restaurant Odins Haddeby (km 5,1)
☕	Café im Wikingermuseum Haithabu (km 4,6)
⊼	größere Rastplätze mit Tischen und Bänken am Start/Ziel sowie am Parkplatz am Wikingermuseum in Haithabu (km 4,6), mehrere Rastbänke im gesamten Verlauf
WC	öffentliche Toiletten am Startparkplatz sowie am Wikingermuseum (km 4,6)
👪	Die Route ist nahezu autofrei, lediglich der letzte Kilometer zwischen Haddeby und Start/Ziel verläuft auf dem Fuß-/Radweg neben der stark befahrenen B76, die zudem zweimal überquert werden muss (nur 1x mit Ampelanlage).
🚼	Die Tour ist nur bedingt mit dem Kinderwagen zu empfehlen. Die eigentlichen Wege sind zwar mit einem geländegängigen Buggy befahrbar, am östlichen Steilufer sowie an der Noorbrücke muss der Kinderwagen allerdings über Treppenstufen getragen werden.

🐕 Es gibt im gesamten Streckenverlauf ausreichend Bade- und Trinkmöglichkeiten für Vierbeiner. Im Wikingermuseum sind Hunde nicht gestattet, vor dem Eingang gibt es aber „Hundeparkplätze" mit Trinknäpfen.

🚌 Die Haltestelle Haddeby (Haithabu) wird von Mo-Sa mehrmals täglich von der Stadtbuslinie 1 (Busdorf/Fahrdorf – Schleswig/ZOB) bedient. Zusätzlich verkehrt einmal pro Stunde (Sa/So nur alle 2 Std.) die Linie 720 Richtung Schleswig/ZOB.

🅿 Eine Alternative zum oben genannten Startpunkt ist der Parkplatz am Wikingermuseum, Am Haddebyer Noor 5, 24866 Busdorf, GPS N 54°29.963' E 009°34.133'.

Die Wanderung beginnt am Parkplatz direkt hinter dem Damm zwischen Schlei und Haddebyer Noor an der Bundesstraße B76 in Richtung Eckernförde. Von der Infotafel führt der Wanderweg in südliche Richtung vorbei an einem Fitness-Parcours ans Wasser und fortan sind mal Schilf, mal Wald die ständigen Begleiter. Der Weg klettert etwas aufwärts und vom Hochufer bietet sich ein erster schöner Ausblick über die Wasserfläche des Noors bis zum Dom in Schleswig etwas weiter weg.

Ostufer Haddebyer Noor mit Blick auf den Schleswiger Dom

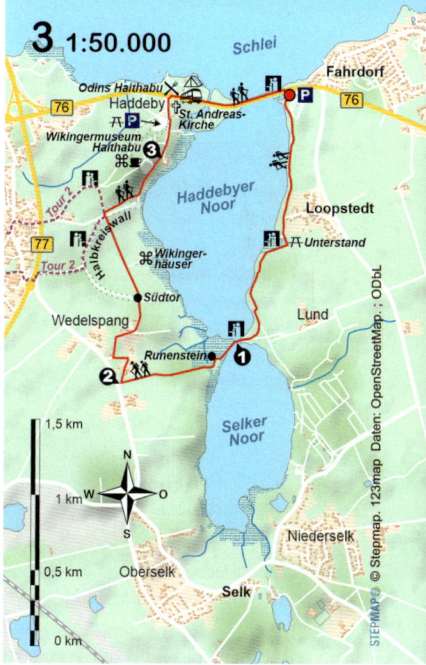

Links hinter den Bäumen verstecken sich ein paar Häuser von Loopstedt, dann geht es über ein paar weitläufige Treppenstufen hoch zu einem kleinen Unterstand und weiter in ständigem Auf und Ab durch den Buchenwald. Zur Rechten fällt der Hang recht steil zum Noor hin ab und gut 1,5 km nach dem Start führt der Wanderweg in einer Rechtskurve hinab zur Holzbrücke zwischen Haddebyer Noor im Norden sowie dem sich anschließenden Selker Noor im Süden ❶. Nach Norden bietet sich ein unvergleichliches Panorama bis zum Schleswiger Dom am Horizont.

Wenn starker Ostwind das Wasser in die Schlei drückt, kann es bei Hochwasser auf den ersten Schritten hinter der Brücke nasse Füße geben. Ein paar Meter westlich von der Brücke ist ein Runenstein aus der Wikingerzeit zu bewundern und stimmt schon einmal auf den Besuch des Wikingermuseums ein.

Es handelt sich dabei um eine 1:1-Kopie des über 2 m hohen, großen Sigtrygg-Steins, der Ende des 18. Jh. hier an der Furt zwischen Haddebyer und Selker Noor entdeckt wurde. Das Original steht im Wikingermuseum. Die über 1.000 Jahre alte Botschaft, mit dem seine Mutter an Sigtrygg, den letzten König seines Geschlechts erinnert, der Mitte des 10. Jh. von König Gorm dem Alten aus Dänemark vertrieben wurde, lautet: „Asfrid machte dieses Denkmal nach (für) Sigtrygg ihrem und Knubas Sohn". Ein zweiter, kleinerer Gedenkstein für Sigtrygg wurde 1887 in den Überresten einer Bastion von Schloss Gottorf entdeckt. Er ist ebenfalls im Museum zu sehen.

Holzbrücke zwischen Haddebyer Noor und Selker Noor

Vom Runenstein führt der Wanderweg vorbei an Knicks und durch Wiesen nach Wedelspang, wo Sie nach rechts auf die Straße laufen und an ein paar Häusern vorbeigehen ❷. (Knicks, die mit Bäumen und Sträuchern bewachsenen Wälle zwischen den Feldern, wurden schon vor über 200 Jahren als Abgrenzung der einzelnen Flurstücke angelegt und sind heute aus der Landschaft nicht mehr wegzudenken.)

An der Kreuzung hinter der ausgeprägten Linkskurve halten Sie sich rechts und kommen vorbei an ein paar weiteren Häusern und durch ein kleines Stück Nadelwald zum „Südtor" der Wallanlage, die vor über 1.000 Jahren zum Schutz der Wikingermetropole Haithabu angelegt wurde.

Hier können Sie entweder nach links über die Treppenstufen den Ringwall erklimmen (🚶 nicht für Kinderwagen geeignet) oder weiter geradeaus auf dem Weg vorbei an den rekonstruierten Wikingerhäusern zur Rechten laufen, wo auf der Grundlage von Originalfunden ein kleiner Ausschnitt der einstigen Wikingersiedlung rekonstruiert wurde und im Sommer zahlreiche Veranstaltungen das Leben der Nordmänner lebendig werden lassen.

Etwa 400 m nordwestlich der Wikingerhäuser treffen Weg und Ringwall wieder zusammen und sich rechts haltend erreichen Sie den Eingang des Wikingermuseums ❸.

⌘ Wikingermuseum Haithabu, Am Haddebyer Noor 3, 24866 Busdorf,
 ☏ 046 21/81 32 22, 🖵 www.haithabu.de, 🕒 Apr.-Okt. tgl. 9:00-17:00,
 im Winter Di-So 10:00-16:00 (Wikingerhäuser geschlossen)
☕ Haithabu Café, Am Haddebyer Noor 3, 24866 Busdorf, ☏ 046 21/85 05 00,
 🖵 www.haithabu-cafe.de, 🕒 Apr.-Okt. tgl. 10:00-17:00, im Winter Mi-So 11:00-17:00

Südlich der heutigen Stadt Schleswig liegt einer der geschichtsträchtigsten Orte in ganz Schleswig-Holstein. Haithabu war zur Zeit der Wikinger bis in das 11. Jh. hinein das bedeutendste Handelszentrum in Nordeuropa. Besonders spektakulär ist das 18 m lange Wikingerhandelsschiff, das im Zuge der archäologischen Ausgrabungen 1979 im Haddebyer Noor, dem ehemaligen Hafen von Haithabu, gefunden wurde. Neben dem eindrucksvollen Schiff aus Eichenholz lassen viele weitere Funde, Rekonstruktionen und Modelle im Museum den einstigen Handelsplatz lebendig werden und zeigen anschaulich, wie die Wikinger gelebt, gewohnt und gearbeitet haben.

Die Straße vom Museumseingang in nördliche Richtung führt vorbei am großen Parkplatz und dem Friedhof an der St.-Andreas-Kirche zur B76, die an der Fußgängerampel sicher überquert werden kann.
Auf der gegenüberliegenden Straßenseite bietet das Restaurant Odins Haddeby mit seiner großen Terrasse den perfekten Rahmen, um die Wanderung mit regionalen Spezialitäten und Schleiblick ausklingen zu lassen.

✘ Odins Haddeby, Haddebyer Chaussee 13, 24866 Busdorf, ☏ 046 21/85 05 00,
 🖵 www.odins-haddeby.de, 🕒 tgl. 7:00-22:00

Die letzten 500 m der Tour führen dann am Campingplatz vorbei auf dem Radweg neben der B76 entlang. Gut 5 Min. später muss die Bundesstraße erneut überquert werden, um zurück zum Ausgangspunkt der Wanderung zu gelangen.

❹ Von Borgwedel über Louisenlund nach Fleckeby

Wanderung für Naturliebhaber

Am Beginn der Tour rückt der Naturerlebnisraum Alte Ziegelei die industrielle Vergangenheit von Borgwedel ins Blickfeld. Heute ist das Areal eine grüne Idylle und von Schilf begleitet führt der Wanderweg immer am Südwestufer der Großen Breite vorbei an einer Badestelle zum Schloss Louisenlund (heute Elite-Internat) inmitten eines Landschaftsparks im englischen Stil. Anschließend beschreibt die Tour einen weitläufigen Bogen über die Gemeinde Fleckeby mit Einkaufs- und Einkehrmöglichkeit zurück nach Louisenlund. Von dort geht es auf dem bekannten Uferweg direkt am Wasser zurück nach Borgwedel.

- ↻ Start/Ziel: Ringstraße, 24857 Borgwedel, GPS N 54°30.119' E 009°39.854'
- ⟳ 9,6 km
- ⧗ 3 Std. 45 Min.
- ↑↓ 100 m/100 m
- ⇧ 0-30 m
- 🏷 Die Strecke ist nicht markiert.
- 🚶 Der Löwenanteil der Strecke folgt befestigten Wanderwegen, einige kürzerer Abschnitte auf Asphalt.
- ✗ Imbiss in Fleckeby (km 5,9)
- ☕ Kunst-Café in Fleckeby (bei km 5,6, ↳ ca. 1 km abseits der Strecke)
- 🛒 Supermarkt in Fleckeby (km 5,9)
- ⊤ Rastplätze mit Tischen und Bänken an der Ziegelei Borgwedel (km 1), am Sportboothafen Fleckeby (km 4,5) und hinter der Waldkapelle (km 7,2), weitere Sitzbänke im gesamten Verlauf
- 🏊 Bademöglichkeit an der Jugendherberge Borgwedel (km 2,1 bzw. km 8,1)
- 👪 Höhepunkte für Kinder sind der Spielplatz und die Badestelle in Borgwedel, aber auch in den Waldabschnitten und rund um die Ziegelei lässt es sich ausgelassen toben.
- 🚼 mit einem geländegängigen Buggy gut zu befahren, in einigen kürzeren Passagen allerdings Beeinträchtigungen durch heruntergefallene Äste oder nasse Passagen nach längeren Regenfällen
- 🐕 gut für Hunde machbar, ausreichend Stellen zum Baden und Trinken

🚌 mehrmals täglich Buslinie 720 (Flensburg-Schleswig-Eckernförde) mit Halt in Fleckeby, Schmiederedder

🅿 Parkbuchten neben der Ringstraße in Borgwedel, als alternativer Startpunkt bietet sich Fleckeby an der B76 zwischen Eckernförde und Schleswig mit guten Parkmöglichkeiten an der Dorfstraße an (km 5,9, GPS N 54°28.931' E 009°41.757').

Vom Parkstreifen neben der Ringstraße laufen Sie die Straße hoch, biegen hinter dem roten Holzhaus nach rechts auf den Ziegeleiweg und laufen am Ende hinter den Häusern auf dem Feldweg weiter. Er führt leicht hinab Richtung Schlei und an der folgenden Kreuzung vor der Hecke halten Sie sich rechts. Nach 75 m ist die nächste Feldwegkreuzung erreicht. Sie wenden sich an der Umlaufsperre aus Holz vorbei nach rechts, passieren einen ersten Tisch mit Bänken zum Rasten und erreichen durch den Wald den alten Trockenschuppen mit einer ebenfalls alten Lore. Auf der angrenzenden Freifläche laden mehrere schöne Tische und Bänke zu einer Pause ein und auch ein Boulefeld ist vorhanden ❶.

Die Ziegelei in Borgwedel existierte bis 1956 und noch heute lassen sich auf dem Gelände direkt am Schleiufer die Spuren der einstigen industriellen Nutzung entdecken. Auf mehreren Informationstafeln erfahren Sie mehr über die Geschichte der Ziegelherstellung in der Region.

Vom Schuppen folgen Sie dem Schleiufer nach rechts, kehren der historischen Ziegelei den Rücken und kommen etwas unterhalb des Startpunktes zurück auf die Ringstraße in Borgwedel, der Sie nun nach links folgen.

Bei der Bauminsel mit einer Infotafel des Naturparks Schlei folgen Sie dem Wanderweg nach links hinab zum Ufer, wo die Wellen der Schlei gemütlich ans Ufer klatschen.

An der Jugendherberge Borgwedel (www.jugendherberge.de) gibt es einen großen Spielplatz und eine schöne Badestelle.

Anschließend passieren Sie den Jachthafen der Marina Schrader und folgen noch ein wenig dem Uferweg, bis der Weg leicht landeinwärts zu steigen beginnt. Hier halten Sie sich am Schlagbaum links und erreichen nach dem Durchqueren des kleinen Waldstücks eine Pflaumenbaumwiese vor ein paar Häusern. Folgen Sie hier dem Feldweg nach rechts zum Schloss Louisenlund.

Sportboothafen Fleckeby

Schloss Louisenlund wurde in der zweiten Hälfte des 18. Jh. errichtet und war ein Geburtstagsgeschenk des Landgrafen Carl von Hessen an seine Frau Louise. In der ersten Hälfte des 19. Jh. ging es in den Besitz der Herzöge von Schleswig-Holstein-Sonderburg-Glücksburg über und wurde auf Wunsch von Herzog Friedrich zu Schleswig-Holstein ab 1949 als Landschulheim genutzt. Heute beherbergt das einstige Schloss das renommierte Internat Louisenlund. Von dem Platz vor dem Hauptgebäude öffnet sich ein toller Blick auf die Schlei. Hier steht auch die Sonnenuhr, die sich im Logo des Internats wiederfindet. Hinter dem Schloss ließ Carl von Hessen, ein bekennender Freimaurer, einen einzigartigen Landschaftsgarten im englischen Stil anlegen. Das Gelände ist frei zugänglich, es versteht sich aber von selbst, dass man sich beim Rundgang zurückhaltend verhält, um den Schulbetrieb nicht zu stören.

Hinter dem Schloss biegen Sie nach rechts auf die Spurplattenstraße ab, die von Pappeln gesäumt wird und leicht bergauf führt. Etwa 300 m hinter Parkplatz und Schlagbaum am Ende des Schulgeländes verlassen Sie die Zufahrtsstraße und folgen an der Kreuzung dem Wegweiser „WSF/Mückeburg" nach links auf den Privatweg. Er bringt Sie zum Hafen des Fleckebyer Wassersportvereins ❷, 1963 als erster ländlicher Wassersportverein an der Schlei gegründet, wo mehrere Tische und Bänke zur ausgedehnten Pause mit tollem Schleiblick einladen.

Wenden Sie sich anschließend auf Höhe der zweiten Steganlage über den Deich landeinwärts auf den von Schilf gesäumten Wanderweg und halten Sie sich an der folgenden Kreuzung (nach links führt eine Brücke über die Hüttener Au) rechts. Durch ein kleines Waldstück und vorbei an Klärwerk und Gerätehaus der Freiwilligen Feuerwehr erreichen Sie die Hauptstraße in Fleckeby.

Erstmals urkundlich erwähnt wurde Fleckeby gegen Ende des 12. Jh., die Wurzeln der Gemeinde reichen aber bis in die Jungsteinzeit zurück, als sich die Jäger und Sammler ab etwa 4000 v. Chr. dazu entschlossen, sesshaft zu werden, und hier eine Siedlung oberhalb des Schleiufers gründeten. Weitere Siedler kamen hinzu, als die Wikinger Haithabu als Handelsstation auf dem Weg zwischen Nord- und Ostsee nutzten. Heute präsentiert sich Fleckeby mit seinen rund 1.800 Einwohnern als lebendiges ländliches Zentrum zwischen Schleswig und Eckernförde.

Sie treffen am ehemaligen Dorfgasthaus auf die Hauptstraße und wenden sich dort nach rechts. Nach ein paar Schritten passieren Sie zunächst den Imbiss Abrahams Pizzahaus, kurz darauf den 🥖 Bäcker mit kleinem Stehcafé und erreichen dann den 🛒 Supermarkt im Ortszentrum.

✕ Abrahams Pizzahaus, Hauptstraße 6, 24357 Fleckeby, ☎ 043 54/672 92 09,
 🕑 Di-Do 15:00-21:30, Fr-So 14:00-22:00

Für den Weg zurück nach Borgwedel laufen Sie hinter dem Supermarkt noch ein Stück geradeaus vorbei am Blumenladen und biegen dann gegenüber vom Versicherungsmakler nach rechts auf den Louisenlunder Weg.

✎ Wenn der Sinn nach Süßem steht, lohnt sich vor dem Blumengeschäft der Abstecher nach links auf die Straße Bramberg, die an den südwestlichen Ortsrand von Fleckeby führt. Im Haus Nummer 10 der Straße Auf der Höhe öffnete 1985 eines der ersten Landcafés in Schleswig-Holstein seine Pforten. Überregional bekannt ist es für seine leckeren Torten, den handgefilterten Eierkaffee sowie den idyllischen Rosengarten.
☕ Kunst-Cafe Fleckeby, Auf der Höhe 10, 24357 Fleckeby, ☎ 043 54/742,
 🖥 www.kunst-cafe-fleckeby.de, 🕑 im Sommer Sa-Mi 14:30-18:30, Jan./Feb nur Sa/So geöffnet, im Okt. geschlossen

Am Wegesrand

Der Louisenlunder Weg bringt Sie vorbei an der ✝ Kreuzkirche in nördliche Richtung. Etwa 600 m weiter, nachdem Sie einen schmalen Graben überquert haben, heißt es aufgepasst. Folgen Sie hier nicht weiter der Straße, sondern biegen Sie links auf einen unscheinbaren Pfad in den Wald ab.

Schleiufer bei Borgwedel

Der schmale Pfad trifft auf einen breiteren Weg, dem Sie nach links folgen, und bald darauf versteckt sich im Wald eine ✞ Waldkapelle, die Carl von Hessen Ende des 18. Jh. im skandinavischen Stil errichten ließ, damit die Landarbeiter des Gutes Louisenlund regelmäßig den Gottesdienst besuchen konnten. Heute wird die Kapelle noch für Andachten, Taufen und Trauungen genutzt.

Gut 200 m weiter erreichen Sie kurz vor der Straße einen ⊼ Unterstand ❸ und wenden sich anschließend auf der Straße für gut 100 m nach rechts, um dann nach rechts auf den schmalen Waldweg abzubiegen, der Sie durch den Wald auf die Rückseite von Schloss Louisenlund bringt.

Da der Waldweg recht unwegsam ist, empfiehlt es sich, mit Kinderwagen weiter der Straße bis zum Internat zu folgen.

Laufen Sie dann bei den Tennisplätzen geradeaus über die Zufahrtsstraße (wenn Sie auf der Straße gekommen sind, biegen Sie hier nach links ab). Hinter den Wohngebäuden senkt sich der Weg langsam hinab zum Wasser und nachdem Sie einen breiten, quer verlaufenden Weg gekreuzt haben, stehen Sie wieder an der Schlei und gelangen auf dem vom Tourenbeginn bekannten Uferweg zurück zum Auto.

Angelner Schleidörfer

Landschaft bei Ulsnis, Tour 9

❺ Alte Kreisbahntrasse von Süderbrarup nach Schleswig

Tour für sportliche Naturliebhaber

Züge rollen zwischen Schleswig und Süderbrarup schon lange nicht mehr. Und auch wenn die einstige Bahntrasse offiziell als Radweg ausgewiesen ist, ist die Route auch für ambitionierte Wanderer sehr zu empfehlen. Der Oberflächenbelag wechselt etwa nach der Hälfte von Gras zu Schotter, die durchweg ebene Strecke führt, abgesehen von den querenden Straßen, autofrei durch weitläufige Wiesen und Felder und in regelmäßigen Abständen laden schöne Rastplätze in den kleinen Dörfern zu einem Picknick ein. Ziel der Wanderung ist das beschauliche Schleswig und bei warmem Sommerwetter lohnt sich der Abstecher auf die Königswiesen und ein Sprung ins kühle Nass an der Badestelle Luisenbad.

→ Start: Bahnhof Süderbrarup, Bahnhofstraße 15, 24392 Süderbrarup, GPS N 54°38.211' E 009°46.275'; Ziel: ZOB in Schleswig, Königstraße 6, 24837 Schleswig, GPS N 54°30.909' E 009°33.933'

↻ 21,1 km

⧗ 7 Std.

↑↓ 50 m/80 m

⇧ 0-30 m

✎ Radwegweiser „Alte Kreisbahntrasse"

⛲ Mit Ausnahme von Start und Ende auf asphaltierten Gehwegen verläuft die Tour ausschließlich über z. T. naturbelassene, z. T. geschotterte Wanderwege.

✕ Ebsen's Kaffeehaus im Bahnhof Süderbrarup (km 0), Gasthof Jägers Ruh in Steinfeld (km 4,3, ↪ ca. 500 m Abstecher), Alter Kreisbahnhof in Schleswig (gegenüber vom ZOB)

⌇ Rastplätze mit Tischen und Sitzgelegenheiten in Steinfeld (km 4,5), Westerakeby (km 9,3), Scholderup (km 11,1), Schaalby (km 14,6) und Moldenit (km 16,4)

🚻 zu Beginn und am Ende der Tour in Süderbrarup bzw. Schleswig

🏊 Badestelle Luisenbad an den Königswiesen in Schleswig (☞ Tour 1)

👪 aufgrund der Länge der Tour nicht für Familien mit Kindern zu empfehlen

🐕 grundsätzlich möglich, aufgrund längerer grasüberwachsener Abschnitte mit nur schmaler, eingefahrener Spur und der Tourenlänge aber nicht empfehlenswert, unterwegs nur wenig Schatten

Angelner Schleidörfer | ❺ Alte Kreisbahntrasse Süderbrarup nach Schleswig

- Wenn der Hund über ausreichend Kondition verfügt, spricht nichts dagegen, den Vierbeiner mitzunehmen. Genug Trinkwasser gibt es unterwegs.
- Bahnhöfe sowohl am Start in Süderbrarup wie auch in Schleswig (ca. 3 km vom Endpunkt der Tour), aber keine Direktverbindung zwischen beiden
- Busverbindung von Schleswig-ZOB nach Süderbrarup mit der Linie 600 (Schleswig-Kappeln), Fahrplan unter nah.sh
- ausreichend Parkmöglichkeiten am Bahnhof in Süderbrarup oder bei den Supermärkten an der Hauptstraße durch den Ort, z. B. direkt neben dem Beginn der Kreisbahntrasse (GPS N 54°38.116' E 009°46.291'), in Schleswig Parkhaus am ZOB (kostenlos, aber zeitlich begrenzt)

Kreisbahntrasse

Am 15. Mai 1883 rollte der erste Dampfzug der Schleswig-Angelner Eisenbahngesellschaft aus der Schleswiger Altstadt nach Süderbrarup, wo Anschluss an die Eisenbahnlinie Flensburg-Eckernförde-Kiel bestand. Ende des 19. Jh. wurde erst die Stadt, dann der Kreis Schleswig neuer Eigentümer der Bahn und 1904 wurde die Strecke um 15 km bis nach Kappeln erweitert. Die letzten planmäßigen Triebwagen verkehrten bis 1972 zwischen Schleswig und Kappeln. 1980 endete der Güterverkehr zwischen Schaalby und Süderbrarup, 2003 wurde auch der Güterverkehr zwischen Kappeln und Süderbrarup endgültig eingestellt. Während auf der Strecke zwischen Kappeln und Süderbrarup zu besonderen Terminen noch die Museumszüge der Angelner Dampfeisenbahn unterwegs sind (☞ Tour 13), sind die Gleise zwischen Schleswig und Süderbrarup längst zurückgebaut und die Trasse ist seit Ende der 1980er-Jahre als Radweg ausgewiesen. Aufgrund der Finanzknappheit der angrenzenden Gemeinden wurde der Plan einer durchgängigen Befestigung aber nie umgesetzt. Das erschwert das Radfahren ungemein, macht eine Wanderung auf der Strecke aber umso attraktiver.

Wer sich vor dem Loslaufen noch mit selbst gebackenem Kuchen oder einem kleinen Snack stärken will, findet dazu Gelegenheit im Bahnhofscafé.

- Ebsen's Kaffeehaus, Bahnhofstraße 15, 24392 Süderbrarup, ☏ 046 41/989 83 88, Mi-So 6:30-17:00

Mit dem Bahnhof im Rücken folgen Sie der Bahnhofstraße nach rechts und laufen 200 m weiter an der T-Kreuzung auf der Großen Straße nach rechts.

Direkt hinter dem Bahnübergang, noch vor dem Parkplatz, beginnt links hinter einer Umlaufsperre der Radweg „Alte Kreisbahntrasse". Die Strecke verläuft zunächst parallel zu den heutigen Bahngleisen und ist von Bäumen überwachsen, sodass es auf den ersten Metern noch angenehm schattig ist.

Hinter einem kleinen Teich mit Ruhebank schwenkt die Strecke von der heutigen Bahnlinie weg und kreuzt 1,5 km weiter erstmalig eine Straße ❶. Hier wie an allen anderen Straßenkreuzungen wurden recht enge Umlaufsperren errichtet, die mit breiteren (Zwillings-)Kinderwagen mitunter etwas Rangierkünste erfordern.

Nächste Station ist die kreuzende Brebelholzer Straße in Steinfeld.

Rastplatz Steinfeld

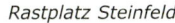

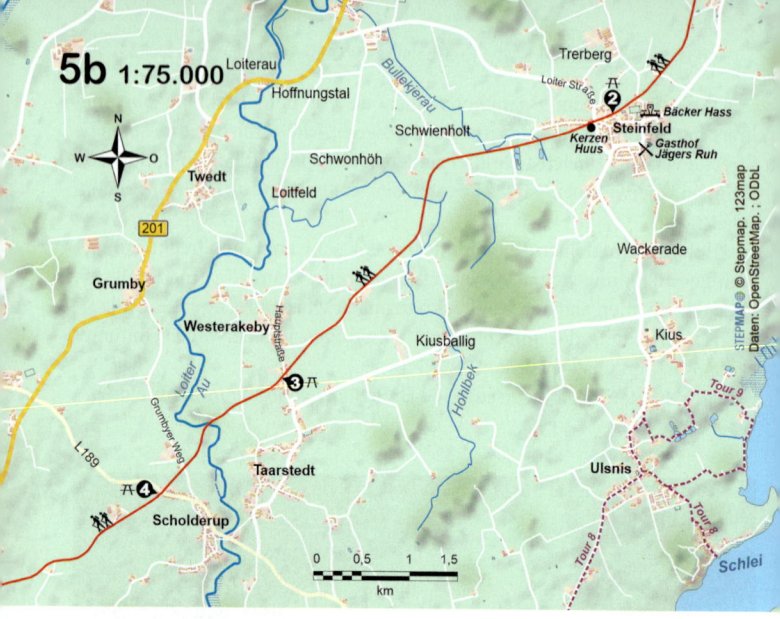

👣 Wer ein Brötchen auf die Hand zur Stärkung braucht oder einkehren möchte, findet auf der Brebelholzer Straße nach links nach etwa 200 m die Bäckerei Haß und noch einmal 300 m weiter das Gasthaus des Dorfes.

✗ Gasthof Jägers Ruh, Kastanienallee 7, 24888 Steinfeld, ☏ 046 41/484 91 70, 🕐 tgl. 17:00-21:00, So ab 11:30, Mo/Do Ruhetag

Knapp 300 m weiter auf der alten Kreisbahntrasse wartet der großzügig angelegte ⊼ Rastplatz ❷ mit Schutzhütte und mehreren Tischen samt Bänken. Am westlichen Ortsrand von Steinfeld überqueren Sie die Loiter Straße und haben dann wieder 4,6 ungestörte Wanderkilometer auf dem einstigen Bahndamm durch die Felder vor sich.

👣 Vom Übergang der Kreisbahntrasse auf der Loiter Straße wenige Schritte nach links lädt das KerzenHuus dazu ein, das Handwerk des Kerzenziehens selbst auszuprobieren.

🎨 KerzenHuus, Loiter Straße 1, 24888 Steinfeld, ☏ 046 22/414 88 66, 🌐 www.kerzenhuus.de, 🕐 Mi, Sa und So 13:00-18:00

An der nächsten kreuzenden Straße ist Westerakeby mit einem weiteren ⊼ Rastplatz erreicht ❸. Der Weg auf dem Bahndamm ist jetzt breiter und im weiteren Verlauf bringt Sie eine Brücke über die Loiter Au, dann wird der Grumbyer Weg überquert und Sie erreichen an der nächsten breiteren Straßenkreuzung den ⊼ Rastplatz Scholderup ❹.

Gemütliches Picknick auf dem schön gelegenen Rastplatz Steinfeld

Der Beginn der Schotteroberfläche und das markante Silo voraus kündigen den nächsten Ort Schaalby an und etwa 2,3 km hinter Scholderup tritt der Weg kurz aus dem Knick heraus und durchschneidet eine Straßenkurve.

Am Silo überqueren Sie die Raiffeisenstraße und erreichen den nächsten ⊼ Rastplatz ❺. Die Kreisbahntrasse führt in südwestliche Richtung an einem weiteren Rastplatz ❻ mit Unterstand an der kreuzenden Winninger Allee bei Moldenit vorbei und verschwindet dann hinter der Straßenunterführung unter der Schleidörfer Straße vorübergehend in einem dichten Waldtunnel. Insgesamt kann der Blick auf den letzten Kilometern weniger frei schweifen als zu Beginn der Tour. Dafür rückt im Süden die Schlei näher und vorbei an Klensby geht es nach Schleswig.

Voraus taucht der Domturm auf und an der Rückseite einer ehemaligen Kaserne ❼ vorbei überqueren Sie die Zuckerstraße.

Der Radweg führt nun durch zunehmend besiedeltes Gebiet bis in das Zentrum von Schleswig und nach knapp 200 m auf der Königsstraße ist der zentrale Omnibusbahnhof erreicht.

- ✗ Alter Kreisbahnhof (gegenüber vom ZOB), Königstraße 9, 24837 Schleswig, ☎ 046 21/302 00, 🖳 www.hotel-alter-kreisbahnhof.de, 🕿 7:00-22:00, im Winterhalbjahr (ca. Okt.-März) Mo-Sa 7:00-21:00, So 7:00-14:30
- ♦ Weitere Einkehrmöglichkeiten gibt es am Rathausplatz in der Altstadt, dazu biegen Sie schon bei km 20,8 links auf die Lange Straße ab.

Die Legende von der Schwarzen Grete

Einst fischten zwei arme Fischer vor Schleswig in der Schlei und obwohl sie sich redlich mühten, blieben die Netze leer. Als sie im Morgengrauen hungrig und müde nach Hause ruderten, erschien ihnen die Schwarze Grete und der schwarz gekleidete Geist forderte sie auf, ihr Glück noch einmal zu versuchen.

Sie versprach einen guten Fang, allerdings unter einer Bedingung: Der kostbarste Fisch sollte zurück ins Wasser geworfen werden. Und tatsächlich: Als die Fischer jetzt die Netze aus dem Wasser holten, waren diese prall gefüllt. Beim Anblick eines prächtigen Fisches mit Goldschuppen, Smaragdflossen und reichhaltiger Perlenverzierung im Fang vergaß einer der beiden Fischer schnell die Worte der Schwarzen Grete.

Als er aber versuchte, das kostbare Stück unter den übrigen Fischen zu verstecken, verwandelten sich diese ebenfalls in Gold und das Boot sank mitsamt dem habgierigen Fischer.

❻ Von Tolk an den Langsee

Tour für Familien

Diese nur wenig bekannte Rundtour erkundet auf einsamen, weitgehend autofreien Wanderwegen die ruhige und abwechslungsreiche Landschaft mit Wäldern und Feldern zwischen Tolk und Böklund. Die schöne Badestelle am Langsee und der liebenswerte Freizeitpark Tolk-Schau machen die fehlende Einkehrmöglichkeit mehr als wett und die Tour zum idealen Familienspaziergang.

↻	Start/Ziel: Altes Amt, Alte Dorfstraße 38, 24894 Tolk, GPS N 54°34.926' E 009°38.080'
⟳	8,4 km
⧖	3 Std.
↑↓	90 m/90 m
⇧	0-40 m
✎	Der Weg ist nicht durchgehend markiert.
🚶	Die Strecke verläuft zum großen Teil auf naturbelassenen Wanderwegen und kürzeren Abschnitten auf asphaltierten Gehwegen oder Nebenstraßen.
✕	keine Einkehrmöglichkeit am Weg
⊤	Tische und Bänke an der Badestelle am Langsee (km 3,7), unterwegs einige Sitzbänke
WC	im Sommer Chemietoilette an der Badestelle (km 3,7)
🥖	Bäcker Rosin in Tolk (km 0 bzw. km 8,4)
🏊	Badestelle am Langsee (km 3,7)
👪	Der Weg verläuft in weiten Teilen auf autofreien Feld- oder Waldwegen. Höhepunkte der Tour sind die Badestelle am Langsee und der Freizeitpark Tolk-Schau.
🚼	Der Weg ist aufgrund einiger holpriger, nach ausgiebigen Regenfällen auch matschiger Abschnitte und einer sehr schmalen (allerdings nur kurzen) Wanderwegpassage hinter Wellspang nicht für Touren mit Kinderwagen zu empfehlen.
🐕	Die Rundtour ist gut für Spaziergänge mit dem Hund geeignet. Im Freizeitpark Tolkschau sind Hunde nicht erlaubt.
🚌	mehrmals täglich Buslinie 600 (Schleswig-Kappeln) mit Halt in Tolk direkt neben dem Startpunkt der Tour (Tolk Wendeplatz), Fahrplan unter 📱 nah.sh oder www.vsf-gmbh.com
🅿	großer Parkplatz direkt am Startpunkt der Tour

An der Alten Dorfstraße 38a in der Ortsmitte wenden Sie sich mit dem Parkplatz des ehemaligen Tolker Amtsgebäudes im Rücken (heute eine Außenstelle der Ostangler Versicherungen) beim Buswartehäuschen an der Wendeschleife nach rechts und folgen der Alten Dorfstraße bis zur nächsten Kreuzung. Hier nehmen Sie die Vorfahrtstraße nach links in Richtung Flensburg/Böklund und kehren dann der Straße gleich hinter dem Haus den Rücken und folgen dem Wegweiser mit der Aufschrift „Wanderweg" nach rechts.

Der Weg mit seiner weichen, grasüberwachsenen Oberfläche ist angenehm zu laufen und führt zwischen den Knicks durch die Felder. Zur Linken erhebt sich ein kleiner Hügelzug, zur Rechten reicht der Blick (zumindest sofern man nicht im Spätsommer unterwegs ist und Mais angepflanzt wurde) weit über das flache Land und am Horizont drehen sich munter die Propeller der Windkraftanlagen.

Nach etwa 1 km auf dem Wanderweg überqueren Sie bei dem Reetdachhaus (Ferienwohnung) die Nebenstraße und laufen, begleitet von einem kleinen Bach, durch einen dichten Blättertunnel. Am Ende öffnet sich der Blick, dann übertönt das Plätschern der Wellspanger Au kurzzeitig das Brummen der Traktoren auf den angrenzenden Feldern.

150 m hinter dem Holzhaus erreichen Sie beim Glascontainer die Straße in Wellspang ❶ und laufen auf dem Bürgersteig auf der gegenüberliegenden Straßenseite leicht bergan; die nach wenigen Metern abzweigende Tolker Straße lassen Sie links liegen (diese führt direkt nach Tolk zurück).

Achten Sie nach etwa 200 m auf einen schmalen Durchgang im Zaun, der Sie auf einen schmalen Waldweg durch ein idyllisches Landschaftsschutzgebiet im dunklen Wald führt.

Laufen Sie an der folgenden Waldwegkreuzung weiter geradeaus und über eine kleine Lichtung mit Büschen und niedrigeren Bäumen. Vor dem Tümpel auf der Wiese am Waldrand schwenkt der Weg nach links und führt am Waldrand leicht bergan. An der nächsten Kreuzung halten Sie sich rechts und laufen erst parallel zur Wiese weiter, biegen dann aber nach gut 200 m rechts auf den Weg zum Ufer des Langsees ❷ ab.

Badestelle am Langsee mit Tischen, Bänken und Chemietoilette im Sommer

Am Langsee

Nach einem Bad im See oder einem Picknick laufen Sie von der Badestelle an den am Steg vertäuten Ruderbooten des Anglervereins bis zum Haus Waldlust und dort auf dem Feldweg nach links bergan. Oben an der Kreuzung wenden Sie sich auf der Asphaltstraße nach rechts und auch an der folgenden Kreuzung beim Stromkasten halten Sie sich rechts bis zum Ortseingang von Brekling. Gleich beim Ortsschild biegen Sie gegenüber von dem Gartenbaubetrieb, der sich auf Bambus spezialisiert hat, nach links ab und überqueren nach etwa 600 m die Landstraße.

Unterwegs

Der Weg führt vorbei an einem Tümpel und einem kleinen Reetdachschuppen und nach gut 500 m folgen Sie dem nach rechts abzweigenden Wanderweg durch die Felder (unmarkiert!). Er entlässt Sie nach 500 m an einem breiten Feldweg, dem Sie nach links folgen. Ab den ersten Häusern ist der Weg dann asphaltiert und die Straße Am Finkenmoor bringt Sie zum Freizeitpark. Nach einer kleinen Holzbrücke, die die Parkteile rechts und links der Straße miteinander verbindet, wenden Sie sich an der folgenden Kreuzung nach links und erreichen den Eingang ❸.

 Familien-Freizeitpark Tolk-Schau, Tolk-Schau 1, 24894 Tolk, ☎ 046 22/9 22, 🖥 www.tolk-schau.de, 🗓 Apr.-Anfang Okt. 10:00-18:00 (nur im August tgl. geöffnet, in der Nebensaison an einigen Wochentagen geschlossen)

Wanderweg vor Tolk

Die familiengeführte Tolk-Schau ist Deutschlands nördlichster Freizeitpark und vor allem mit jüngeren Kindern bis etwa 12 Jahren einen Besuch wert. Neben dem Märchenwald, der einst den Grundstock des Parks bildete, gibt es zahlreiche Möglichkeiten zum Spielen und Toben, einen kleinen Wildpark und jede Menge Fahrgeschäfte wie Familienachterbahn, Autoscooter oder Bootsrutsche, die auch für kleinere Kinder geeignet sind.

Das ist alles zwar weniger spektakulär als in den „großen" Freizeitparks, dafür braucht man sich aber auch nicht an langen Warteschlangen die Beine in den Bauch zu stehen und alles ist angenehm überschaubar. Genau das Richtige also, um die Wanderung vergnüglich und mit etwas „action" ausklingen zu lassen.

Gegenüber vom Eingang finden Sie auf der gegenüberliegenden Straßenseite neben dem Parkplatz eine Übersichtskarte des Naturparks Schlei und einen schönen Wanderweg, der Sie zwischen den Feldern zurück nach Tolk bringt. Sie treffen gegenüber vom Abzweig des Wanderwegs vom Tourenbeginn auf die Flensburger Straße. Dieser folgen Sie nach rechts bis zur Kreuzung mit der Alten Dorfstraße, die Sie nach rechts zurück zum Parkplatz bringt.

❼ Füsinger Au bei Schaalby

Tour für wanderfreudige Wassermänner, Badenixen und ornithologisch Interessierte

Die abwechslungsreiche Rundwanderung erschließt die Natur an Füsinger Au und Schlei und unterwegs gibt es so manches Kleinod wie die historische Wassermühle in Schaalby oder die wehrhafte St.-Marien-Kirche in Kahleby zu entdecken. Als Höhepunkt wartet am Ende der Sandstrand an der Badestelle am Nordufer der Kleinen Breite mit Blick bis zum Schleswiger Dom.

↻	Start/Ziel: Badestelle Winningmay, Dreilingseck, 24882 Schaalby, GPS N 54°31.744' E 009°37.897'
↺	9,8 km
⏳	3 Std. 15 Min.
↑↓	60 m/60 m
⇧	0-30 m
	Die Strecke ist nicht markiert.
	Die Tour verläuft auf befestigten Wanderwegen und asphaltierten Gehwegen bzw. Nebenstraßen.
✕	Gaststätte Petersen in Füsing (km 7,9)
⊼	Tische und Bänke an der Badestelle Winningmay (km 0 bzw. km 9,8), in Moldenit (km 2,2) und in Schaalby (km 3,7)
WC	im Sommer Chemietoilette an der Badestelle Winningmay (km 0 bzw. 9,8)
	kleiner Lebensmittelladen an der Gaststätte Petersen in Füsing (km 7,9)
	Badestelle Winningmay (km 0 bzw. km 9,8)
	Höhepunkt für Kinder ist natürlich die Badestelle mit großem, flachem Sandstrand an der Füsinger Au.
	Der Weg folgt über weite Strecken ruhigen, asphaltierten Straßen und ist daher gut mit dem Kinderwagen zu fahren.
	Die Tour ist gut für Hunde machbar.
🚌	mehrmals täglich Bus 605 Schleswig-Süderbrarup mit Halt in Schaalby (Haltestelle Siedlung Schaalby, hier zusätzlich Linie 606, Schleswig - Schaalby - Loit) sowie in Füsing (Haltestelle Schaalby, Füsing), aktuelle Fahrplaninfo bei Autokraft Flensburg, ☎ 04 31/38 67 10 24 und 🖥 www.nash.de

P Parkplatz ca. 50 m vor der Badestelle in Winningmay, alternativ an der Kirche in Kahleby (Kahlebyer Weg, 24882 Schaalby, GPS N 54°32.817' E 009°39.427')

Von der Badestelle führt ein Wanderweg am Schleiufer entlang in südliche Richtung zum Vogelbeobachtungsturm auf der Halbinsel Reesholm (⇆ einfacher Weg ca. 900 m).

Bei Hochwasser können der Weg zur Aussichtsplattform auf der Halbinsel Reesholm überschwemmt werden und wasserdichte Wander- oder Gummistiefel sind dann sehr zu empfehlen.

Los geht es vom Parkplatz an der Badestelle in Winningmay nach rechts Richtung Wasser, dann aber gleich vor dem Strand bei der Infotafel nach rechts auf den neu angelegten Wander- und Radweg hinter dem Schilfgürtel.

Am Steg des Wassersportvereins dümpeln ein paar Segelboote und in der Ferne erhebt sich zur Linken der Dom in Schleswig über den Horizont. Sie überqueren die Füsinger Au, die hier in die Schlei mündet, auf einer Holzbrücke und erreichen nach einem kurzen Waldstück das reetgedeckte Haus Dreilingsfähre. An der Hauszufahrt folgen Sie der Straße nach rechts, laufen gut 200 m weiter bei den nächsten Häusern in Winning geradeaus über den Reiterhof und treffen auf einen Wanderweg, der zwischen Wald zur Linken und Feld zur Rechten nach Westen führt.

Kurz hinter dem Startpunkt an der Füsinger Au

7 1:50.000

Bei der T-Kreuzung hinter dem Feld wenden Sie sich vor dem Zaun nach rechts und laufen mit einem Links-/Rechts-Schlenker am Knick weiter vorbei an den ehemaligen Zuckerteichen, die früher zur Aufnahme des mit Erde vermengten Waschwassers der Zuckerrüben dienten. Sie treffen bei einer Bushaltestelle auf die Schleidörfer Straße und laufen dort geradeaus weiter (✋ Vorsicht beim Überqueren der Straße) vorbei am Ortsschild Moldenit bis zu einem Rastplatz an der alten Kreisbahntrasse (☞ Tour 5).

Sie folgen dem Wander- und Radweg auf dem ehemaligen Bahndamm für gut 400 m in nordöstliche Richtung und biegen dann an der nächsten Möglichkeit rechts auf die Wiesenstraße ab. Das ruhige Asphaltband schlängelt sich durch die Felder. In der Rechtskurve, in der eine Bank unter dem Baum die Erwachsenen zu einer Rast einlädt, während sich der Nachwuchs an der unter einem dicken Ast aufgehängten Schaukel austoben kann, biegen Sie scharf nach links ab. Der schmale Weg neben dem Feld bringt Sie nach Schaalby, wo ein schöner ⊼ Rastplatz mit Tisch und Bänken unter Birken wartet.

In der Wassermühle

Dahinter biegen Sie nach rechts auf die Schulstraße ab und laufen am Ende des Wohngebiets vor dem Feld nach rechts und direkt an der Kreuzung dahinter vor der Bushaltestelle nach links (Wegweiser „Wassermühle"). Nach gut 300 m liegt rechter Hand der Hofladen Uck und schräg gegenüber auf der linken Straßenseite die fein herausgeputzte historische Wassermühle ❶.

Hofladen Uck (Direktvermarktung von Obst, Gemüse, Kräutern und Eiern), Mühlenstraße 11, 24882 Schaalby, ☏ 046 22/550, 🕐 Di, Do, Fr 8:30-13:00 und 14:00-18:00, Mi, Sa 8:30-13:00

Eine erste Mühle in Schaalby taucht zum ersten Mal in Urkunden aus der Mitte des 15. Jh. auf, der heutige Fachwerkbau datiert auf das Jahr 1842. Die Mühle war bis 1970 in Betrieb und ist bis heute voll funktionsfähig erhalten. Sie ist eine der wenigen Wassermühlen in der Region und mit drei Mahlgängen ausgestattet, die über das 6 t schwere, hölzerne Mühlrad angetrieben werden, welches aus dem Wasserabfluss des oberhalb des Geländes liegenden Mühlenteichs gespeist wird.

Auf den drei Stockwerken gibt es allerlei Werkzeuge und Zubehör des Müllerhandwerks zu entdecken, von Mehlsäcken über Mahlsteine bis hin zu einem alten Rechnungsbuch, in das sich heute die Gäste eintragen können.

⌘ Wassermühle, Mühlenstraße 4, 24882 Schaalby, ☎ 046 22/24 46,  tgl. geöffnet, Führungen nach Voranmeldung

Die alte Mühle in Schaalby

Nach dem Mühlen-Rundgang bringt Sie die Mühlenstraße nach 200 m zu einer Kreuzung mit Mittelinsel.

Für die Fortsetzung der Wanderung folgen Sie dem Kahlebyer Weg nach rechts. Er bringt Sie schnurgeradeaus nach Osten. Zur Rechten fällt das Gelände sanft zur Schlei hin ab, sodass der Blick sich gar nicht sattsehen kann an dem Panorama über Felder und Knicks.

Nach gut 1 km schlägt die Straße einen leichten Bogen nach rechts und bringt Sie zur ✝ St.-Marien-Kirche ❷ in Kahleby, die einsam auf einer Anhöhe zwischen Füsing und Schaalby über die Füsinger Au zu ihren Füßen wacht. Sie gehörte einst zum Kloster Guldenholm am Langsee, später zum St.-Johannis-Kloster in Schleswig.

Die im Ursprung romanische Kirche wurde im 13. Jh. um ein doppeltes gotisches Kreuzrippengewölbe im Chor erweitert, ihre heutige Form erhielt die Kirche 1855.

✝ St.-Marien-Kirche, 🚪 Himmelfahrt bis Mitte Sept., Sa/So und Fei 14:00-16:00

Die Loiter Au entsteht durch den Zusammenfluss von Boholzer Au und Oxbek, schlängelt sich dann südwärts durch die malerische Landschaft Angelns um dann als Füsinger Au gegenüber von Schleswig in die Schlei zu münden. Die Loiter-Füsinger Au als einer der schönsten Kanuflüsse in der Region. Eine abwechslungsreiche Ganztagestour von ca. 18 km Länge startet in Loit. Kürzer und in etwa 3 Std. auch von Anfängern gut zu bewältigen ist die Strecke von Scholderup nach Winningmay.

🚣 Kanuverleih Schlei erleben, Teichstraße 2, 24864 Goltoft, ☎ 01 70/360 94 14, 💻 www.schlei-erleben.de

♦ Nordkanu, Dorfstraße 13a, 24887 Espertoft, ☎ 048 41/743 52, 💻 www.nordkanu.de

Nachdem Sie hinter der Kirche eine idyllische Reetdachkate mit üppig blühendem Bauerngarten passiert haben, führt die Straße leicht hinab zur Brücke über die Füsinger Au. An der Kreuzung hinter dem rosafarbenen Haus laufen Sie geradeaus weiter, an der nach 200 m folgenden T-Kreuzung nehmen Sie den Kahlebyer Weg nach rechts Richtung Füsing. Zur Rechten schweift der Blick zurück auf die Kahlebyer Kirche und über sanfte Hügel bis zum markanten Silo in Schaalby. Voraus leuchtet der Funkturm in Schleswig in der Sonne und kurz vor dem Ortsschild Füsing prägt das Duo aus Wikingerturm und Dom die Stadtsilhouette von Schleswig am Horizont.

Im Ort folgen Sie der Schleidörfer Straße nach rechts und biegen bei der Bushaltestelle nach links auf den Meiereiweg ❸.

Ein paar Schritte weiter geradeaus auf der Schleidörfer Straße bietet Familie Petersen die Möglichkeit zu Einkehr oder einem kleinem Lebensmitteleinkauf.

Mündung der Füsinger Au in die Schlei

✕ Gaststätte Petersen, Schleidörfer Straße 14, 24882 Füsing, ☎ 046 22/20 81, 🕒 Mo 6:30-13:30 und ab 18:00, Di-Fr 6:30-13:30 und ab 16:00, Sa. 6:30-14:00 und ab 18:00, So/Fei 10:00-14:00 und ab 18:00

🛒 Im linken Teil des Hauses ist ein kleiner Tante-Emma-Laden zu finden, 🕒 Mo 6:30-13:30, Di-Fr 6:30-13:30 und 16:00-18:00, Sa 6:30-13:00.

In Kahleby

Knapp 100 m weiter biegen Sie hinter der Tischlerei nach rechts auf „An den Toften" ab, lassen an den ersten beiden Kreuzungen die abzweigenden Straßen links liegen und wenden sich erst bei der T-Kreuzung am Ende nach links. Die ruhige Straße schlägt einen Haken durch die Felder und an der Kreuzung hinter den Glascontainern folgen Sie dem Wegweiser „Zum Strand" nach rechts.

Nach knapp 1,5 km sind Sie zurück an Parkplatz und 🏊 Badestelle mit schönem Sandstrand von dem man den über das Wasser flitzenden Windsurfern zuschauen kann und der flach abfällt und daher für Kinder ideal ist.

☺ Für Wanderinnen und Wanderer, deren Herzen für Natur- und Vogelbeobachtung schlagen, lohnt sich zum Abschluss der Tour noch der Spaziergang nach links an den Ferienbungalows vorbei und immer auf dem Wanderweg am Schleifufer entlang auf die Halbinsel Reesholm, die sich weit in die Schlei hinein erstreckt.

Vom Aussichtsturm vor der Schranke hat man einen tollen Blick über die in den Feuchtwiesen grasenden Galloways und die von März bis September hier zahlreich brütenden Vögel wie Kiebitze, Rotschenkel, Brandgänse oder Austernfischer.

❽ Von Ulsnis nach Missunde

Wanderung für sportliche Naturen und Schiffstouren-Fans

Diese ausgedehnte Streckenwanderung erkundet die malerische Welt der Schleidörfer aus reetgedeckten alten Häusern mit schönen Bauerngärten und hinter den weiten, sanft geschwungenen Feldern und Äckern blitzt immer wieder die große Wasserfläche der Schlei auf. Abgerundet wird die Tour durch einen Schleitörn mit dem Ausflugsdampfer, der Start- und Endpunkt miteinander verbindet.

In Ulsnis

→   Start: Anleger Ulsnisland, Ulsnisstrand, 24897 Ulsnis, GPS N 54°33.668' E 009°45.641'; Ziel: Anleger Missunde, Missunder Fährstraße, 24864 Brodersby, GPS N 54°31.486' E 009°42.918'

↻   12 km

⌛   4 Std.

↑↓   100 m/100 m

⇧   0-25 m

🏷   keine durchgehende, einheitliche Markierung vorhanden

🥢   Ein Großteil der Tour verläuft auf asphaltierten Wegen und Nebenstraßen, zum Ende der Tour wartet ein kurzes Stück unbefestigter Wanderweg.

✗   Fischimbiss und Restaurants in Missunde (km 12)

	Rastplätze mit Bänken und Tischen in Ulsnis (km 0), Hestoft (km 3,5) und Brodersby/Missunde (km 11), weitere Sitzbänke im gesamten Verlauf
WC	öffentliche Toiletten an den Badestellen in Ulsnis (km 0) und Brodersby (km 11)
	MarktTreff Brodersby (km 7,5)
	Badestelle Ulsnis (km 0), Badestelle „Klein Westerland" in Brodersby (km 11)
	Die Strecke ist aufgrund der Länge und des Wegverlaufs überwiegend neben der Straße nur bedingt für Wanderungen mit Kindern geeignet. Kurzweiliger ist der zweite Streckenabschnitt auf dem autofreien Wanderweg von Brodersby nach Missunde mit einem ausgiebigen Badestopp in „Klein Westerland" und einem Abschluss-Eis am MarktTreff in Brodersby.
	Im ersten Abschnitt von Ulsnis bis Brodersby verläuft der Weg auf asphaltierten Wegen und ist ohne Einschränkungen mit dem Kinderwagen zu befahren. Der zweite Abschnitt auf dem Wanderweg von Brodersby nach Missunde ist dagegen nicht mit dem Kinderwagen zu empfehlen. Alternativ kann man hier dem Radweg entlang der Missunder Fährstraße folgen.
	Da die erste Hälfte der Tour über weite Strecken auf Radwegen oder Bürgersteigen verläuft, ist er für Hunde nicht ideal, besser geeignet ist der zweite Teil zwischen Brodersby und Missunde.
	keine praktikable Busanbindung
	Von Sommer bis Herbst fährt 4x in der Woche am Nachmittag der Ausflugsdampfer „Wappen von Schleswig" ab Schleswig über Missunde nach Ulsnis und zurück, Ende Mai bis Mitte Okt. Mi, Do, Sa, So 14:55 ab Missunde und in Gegenrichtung 15:25 ab Ulsnis, im Frühjahr (ab Mitte Mai) nur Sa, So/Fei, ☎ 046 21/233 19, 🖥 www.schleischifffahrt.de
	Minicar Thaysen, ☎ 046 41/93 39 20, 🖥 www.infotaxi-mietwagen-angelnde
P	ausreichend Parkmöglichkeiten sowohl in Missunde wie auch in Ulsnis

Klöndör

Beim Spaziergang durch Ulsnis können Sie sich über so manche, mitunter kunstvoll verzierte „Klöndör" freuen. Gemeint sind damit die horizontal in der Mitte unterteilten Türen, wie sie an vielen Bauernhäusern in der Gegend anzutreffen sind. So konnte nur der obere Teil geöffnet werden, um sich für den Plausch mit den Nachbarn bequem nach draußen zu lehnen, ohne den Besuch für den „Klönschnack", wie es hier heißt, gleich ins Haus bitten zu müssen, und da der untere Teil der Tür geschlossen blieb, konnten währenddessen die Tiere weder ins noch aus dem Haus laufen.

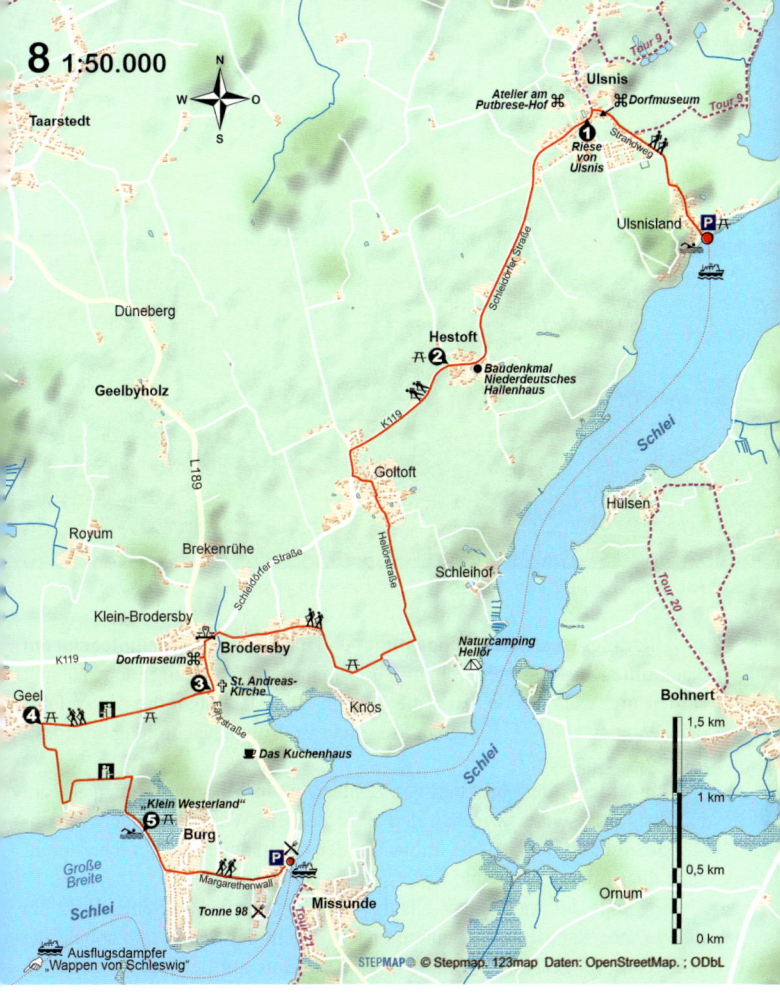

Im Sommer lichtet die „Wappen von Schleswig" viermal in der Woche die Anker und schippert von Schleswig nach Ulsnis und zurück und eröffnet damit eine tolle Möglichkeit, um eine Wanderung mit einem kurzen Schleitörn zu kombinieren.

Mit der „Wappen von Schleswig" geht es von Missunde nach Ulsnis

Allerdings ist etwas Timing gefragt und da der Ausflugsdampfer erst am Nachmittag in Missunde ablegt, sollte man die Wanderung nicht zu spät starten und während der Tour die Uhr im Blick behalten, um die Abfahrt der „Wappen von Schleswig" in Missunde am frühen Nachmittag um 14:55 nicht zu verpassen.

Den Anleger der „Wappen von Schleswig" in Missunde finden Sie am Fährhaus Missunde zwischen den Segelbooten. Während der etwa halbstündigen Fahrt nach Ulsnis informiert der Kapitän per Lautsprecherdurchsage über Interessantes und Sehenswertes an den Ufern.

Am Ende des Anlegers in Ulsnisland am Nordufer der Schlei lockt ein kleiner 🏖 Sandstrand zu einem ersten Bad in der Schlei und sobald die Wanderstiefel geschnürt sind, geht es geradeaus auf der Straße vorbei an Rastplatz, Toilettenhaus und vielen schnuckeligen Reetdachhäusern in den eigentlichen Ort Ulsnis, wo das kleine Dorfmuseum am Sonntagnachmittag das alte Landleben in Angeln lebendig werden lässt.

⌘ Dorfmuseum Ulsnis, Strandweg, 24897 Ulsnis, 🖥 www.ulsnis.de/dorfmuseum/, 📅 Ostern bis Ende Oktober, So/Fei 14:00-17:00

Hinter dem Museum biegen Sie nach links auf die Schleidörfer Straße Richtung Missunde und nach wenigen Metern grüßen rechter Hand erst der Riese von Ulsnis ❶, ein fast 5 m hoher Stahlgigant des regionalen Künstlers Andi Feldmann, und direkt im Anschluss der Putbreser Hof mit Ferienwohnungen sowie dem Atelier Nr. 10, in dem man nach telefonischer Voranmeldung die neuesten Lampenkreationen der Künstler aus mundgeblasenem Glas bewundern kann.

⌘ Atelier Nr. 10 am Putbrese-Hof, Schleidörfer Straße 10, 24897 Ulsnis,
☏ 046 41/484 97 04, 🖳 www.putbrese-hof.de

Riese von Ulsnis

Der Riese von Ulsnis erinnert an die Legende, nach der einst ein alter Riese in der Gegend des heutigen Ulsnis gewohnt haben soll. Irgendwann war sein Sohn so groß und stark geworden, dass er durch die Schlei ans gegenüberliegende Ufer stapfte, um sich von seinem Vater unabhängig zu machen. Trotz der räumlichen Trennung kam es aber immer wieder zu lautstarken Auseinandersetzungen zwischen Vater und Sohn und hin und wieder flog auch mal ein Findling über die Schlei.

Bei einem besonders heftigen Streit ging der Alte zu Boden und schlug mit dem Kopf in die Schlei. So entstand die Halbinsel „Nes" am Gunnebyer Noor. Der Ort selbst wurde „Ools-Nes" – heute Ulsnis – genannt, das Dorf auf der Seite des Sohns bekam den Namen Rieseby.

Bei der Gabelung am Ortsausgang folgen Sie weiter geradeaus dem Radweg neben der nur wenig befahrenen Schleidörfer Straße nach Hestoft. Im Ort bleiben Sie auf der Hauptstraße.

> ↯ Hinter dem zweiten Bushaltehäuschen weist ein Wegweiser nach links zum Baudenkmal Niederdeutsches Hallenhaus von 1756 mit schönem Bauerngarten. Das Haus ist in Privatbesitz, sollte das große Deelentor geöffnet sein, dürfen Besucher einen Blick in den Hof werfen.

Am ⚐ Rastplatz ❷ mit Infotafel am Ortsende bleiben Sie der Schleidörfer Straße treu und folgen ihr nach Goltoft und dort in einer Linkskurve durch den Ort. An der folgenden Kreuzung biegen Sie links ab und laufen auf der Dorfstraße am Fahrradverleih und der Zufahrt zum Kanuverleih vorbei. Bei der Reetdachkate halten Sie sich rechts, lassen die Sackgasse links liegen und laufen an der folgenden Kreuzung zwischen dem Reetdachhaus auf der einen und dem gelben Haus auf der gegenüberliegenden Seite hindurch auf die Hellörstraße Richtung Campingplatz.

Heimatmuseum in Brodersby

Nun geht es für etwa 1 km immer geradeaus durch die Felder und nach einem kleinen Anstieg finden Sie beim Stromkasten eine Lücke im Knick und laufen rechts durch das Holztor auf einen grasbewachsenen Wanderweg mit Wegweiser Richtung Knös/Brodersby.

Vorbei an einem großen Findling und den Klärteichen trifft der Wanderweg am Ende bei einer Rastbank auf einen Spurplattenweg, in den Sie nach rechts einbiegen. Er mündet nach knapp 150 m in die Straße, der Sie nach rechts bis Brodersby folgen. Vorbei an der Bushaltestelle und dem Ferienhof Lassen treffen Sie wieder auf die Schleidörfer Straße.

MarktTreff Brodersby, Schleidörfer Straße 11, 24864 Brodersby, ☎ 046 22/18 05 52, Mo-Fr 6:30-12:30 und 18:00-19:00, Sa 6:30-13:00, So 7:30-10:30 (nur Bäcker)

Hier wenden Sie sich nach links und an der Kreuzung hinter dem Supermarkt bei Bäcker und Friseur biegen Sie nach links auf die Missunder Fährstraße, wo nach wenigen Metern auf der rechten Straßenseite das Dorfmuseum auf Besucher wartet.

Dorfmuseum Brodersby, Missunder Fährstraße 4, 24864 Brodersby, ☎ 046 22/21 89, Juni-Aug. Sa 10:00-17, Apr./Mai/Sept./Okt. Sa 14:00-17:00

Ein paar Schritte weiter, in der Fährstraße 8, vermarktet der Hofladen Bluschke zahlreiche Bioprodukte (Mo-Do 16:00-18:00, Fr. 16:00-19:00, eine Produktauswahl des Hofes kann zudem rund um die Uhr am Regiomaten gekauft werden, der an der Straße vor der Hofeinfahrt aufgestellt ist), gut 100 m weiter erhebt sich links von der Straße auf einer Anhöhe die romanische St.-Andreas-Kirche.

Regiomat

St.-Andreas-Kirche

Der golden in der Sonne glänzende Wetterhahn auf dem schwarzen Holzturm an der Westwand kann nicht darüber hinwegtäuschen, dass der Glockenturm niedriger ist als das Kirchendach. Der Umstand ist wohl auf das Sparbewusstsein der Brodersbyer zurückzuführen, denn die Steuerhöhe wurde einst nach Höhe des Kirchturms berechnet.

Der weiß verputzte Feldsteinbau ist im Originalgrundriss aus dem 12. Jh. erhalten und wurde nicht nachträglich erweitert. Der Innenraum zeigt sich nüchtern, wie man es von einer romanischen Kirche erwartet. Noch aus der Bauzeit stammt der Taufstein aus Granit, die Südwand ziert ein Triumphkreuz aus dem 15. Jh. Die zweiglasige Sanduhr auf der Kanzel gab der Gemeinde die Möglichkeit, die Arbeitsmoral des Pastors zu kontrollieren. An normalen Sonntagen hatte eine Predigt mindestens 30 Minuten zu dauern. Die Durchlaufzeit im zweiten Glas war doppelt so lange, denn an Feiertagen konnten die Gläubigen eine einstündige Predigt erwarten.

Die gusseisernen Kreuze auf dem Friedhof vor der Kirche erinnern an die Toten der Gefechte in der Enge von Missunde während des schleswig-holsteinischen Freiheitskampfes von 1848-50 und im Krieg von 1864.

✝ St.-Andreas-Kirche, 🕑 Apr.-Okt. tgl. 9:00-19:00

Gegenüber vom Treppenaufgang zur St.-Andreas-Kirche biegen Sie nach rechts auf den Wanderweg zwischen den Feldern ab ❸.

St.-Andreas-Kirche

> Wer es eilig hat, nach Missunde zu kommen (oder mit dem Kinderwagen unterwegs ist), kann hier auch geradeaus auf der Straße weiterlaufen und kommt auf seinem Weg auf halber Strecke am Kuchenhaus vorbei.
> Das Kuchenhaus, Missunder Fährstraße 24, 24864 Brodersby, ☎ 046 22/956 90 90, 🖥 www.das-kuchenhaus.de, 🕐 im Sommer 13:00-17:00

Der recht schmale Wanderweg führt zwischen Knick und Stacheldrahtzaun am Feldrand entlang und am Ende der Weide wartet eine Rastbank. Sie überqueren die kreuzende Straße und laufen geradeaus vorbei am Reetdachhaus auf dem Wanderweg am Knick weiter. Voraus werden im Dunst am Horizont Dom und Wikingerturm in Schleswig sichtbar.

Hier laufen Sie weiter geradeaus und folgen dem Wanderwegweiser Richtung „Burg". Der Weg schwenkt sofort nach rechts und führt vorbei an glücklich grasenden Galloways hinunter zur 〰 Badestelle „Klein Westerland" ❺ an der Großen Breite mit großer Liegewiese, Tischen, Bänken und Toilettenhäuschen. Etwas weiter draußen gibt es sogar eine Wasserrutsche.

Am Ende des Badestrands laufen Sie bei den Ferienhäusern hoch zum Strandweg und auf diesem weiter geradeaus. An der folgenden Kreuzung bleiben Sie geradeaus auf dem Margarethenwall und biegen am Ende links auf den schmalen Pfad ab.

Folgen Sie am Abzweig des Wanderpfades weiter der Asphaltstraße, so erreichen Sie das Gelände der Marina Brodersby mit einer von insgesamt drei Einkehrmöglichkeiten am Ende der Tour.

✗ Jachthafen-Gaststätte Tonne 98, Marina 1, 24864 Brodersby,
☎ 046 22/189 45 64, 🖳 www.marina-brodersby.de, 🍴 Mi-So 11:30 bis 21:00

Der schmale Wanderpfad geradeaus bringt Sie nach Missunde, die enge Umlaufsperre vor der Straße am Ende ist mit Kinderwagen aber nur schwer zu passieren. Nun sind es nach rechts nur noch wenige Meter zurück zum Schleifufer, wo Sie für die Einkehr die Wahl haben zwischen dem Fischimbiss auf der rechten Straßenseite und dem gediegenen Missunder Fährhaus gegenüber.

✗ Fischimbiss, ☎ 01 70/262 09 36, 🍴 Ostern bis etwa Ende Okt. tgl. ab 12:00, je nach Wetterlage
✗☎ Restaurant und Café Fährhaus Missunde, Missunder Fährstraße 33, 24864 Brodersby, ☎ 046 22/626, 🖳 www.faehrhaus-missunde.de, 🍴 Mi-Fr 15:00 – 23:00, Sa/So 12:00 – 23:00

Angler Muck

Auf der Getränkekarte des Fährhaus Missunde stehen typisch schleswigholsteinische Getränkekreationen wie Tote Tante (Schokolade mit Rum und Sahnehaube), und auch ein hochprozentiges Heißgetränk mit dem Namen Schleiwelle (Schokolade mit Wodka, Amaretto und Sahnehaube) wird kredenzt. Vergeblich sucht man dagegen das heimliche Nationalgetränk in Angeln. Für die warme Ausgabe des „Angler Mucks" wird Rum mit heißem (auf keinen Fall kochendem!) Wasser verdünnt und – anders als beim Grog – mit Zitronensaft und Zucker verfeinert. Noch beliebter ist die kalte Variante, bei der Rum (oder Korn) und Zitronenbrause gemixt und mit Eiswürfeln serviert werden.

⑨ Kleine Ulsnisrunde

Spaziergang für Freunde von Heimatmuseen und Badestränden

Diese kurze Rundtour von Ulsnis ans Gunnebyer Noor verläuft auf ruhigen Feldwegen oder direkt am Uferstreifen und bietet neben der schönen Badestelle vielfältige Ausblicke in die Landschaft. Da machen die landschaftlichen Reize die Abwesenheit einer Einkehrmöglichkeit am Wegesrand mehr als wett.

↻	Start/Ziel: St.-Willehad-Kirche an der Schleidörfer Straße in Ulsnis, GPS N 54°34.462' E 009°44.852'
⟳	4,5 km
⌛	1 Std. 15 Min.
↑↓	40 m/40 m
⇧	0-25 m
✎	Im Gemeindegebiet von Ulsnis sind insgesamt 22 Wanderwege zwischen 900 m und 4,8 km mit farbigen Dreiecken an Holzpfosten markiert. Die beschriebene Tour ist eine Kombination aus der kurzen (gelb markierten) und der längeren Rundtour mit grünen Markierungen, die an der Kirche in Ulsnis starten.
👟	Die Tour verläuft in etwa in gleichem Verhältnis über asphaltierte und naturbelassene Wege.
✗	keine Einkehrmöglichkeit am Weg
⊓	Tische und Bänke am Drei-Männer-Teich in Ulsnis (km 0,5) und an der Badestelle (km 2), mehrere Rastbänke im gesamten Verlauf
WC	Toiletten an der Kirche (km 0 und 4,5), im Sommer Chemietoilette an der Badestelle (km 2)
🏊	Badestelle Hagab (km 2)
👪	Die Route ist aufgrund der kurzen Distanz, der ruhigen Wege mit nur geringem oder gar keinem Autoaufkommen und der Badestelle perfekt für die Wanderung mit Kindern geeignet. In der Ortsmitte hinter dem Feuerwehrgerätehaus wartet zudem ein großer Spielplatz mit vielfältigen Klettergeräten.
🛒	Die Rundtour lässt sich auch gut mit dem Kinderwagen befahren. Lediglich der Weg direkt am Schleiufer kann bei Regen oder Hochwasser matschig werden. Der etwas holprige Weg vom Gästehaus Krog zurück zur Kirche lässt sich bei Bedarf auch bequem auf der Straße umgehen.

🐕 Die Tour ist für Hunde gut geeignet. An der Badestelle Hagab sind zwar keine Hunde erlaubt, eine Hundebadestelle befindet sich aber 100 m weiter in nördliche Richtung, ebenfalls direkt am Weg.

🚌 an Wochentagen 6x täglich Bus 605 (Schleswig-Ulsnis-Süderbrarup), Sa tagsüber alle 120 Min., So nur 3x; Haltestelle Ulsniskirchenholz bei der Kirche

🅿 Parkplatz an der St.-Willehad-Kirche in Ulsnis, alternativ Parkplatz an der Badestelle Hagab (GPS N 54°34.177' E 009°45.837')

Vom Parkplatz an der Schleidörfer Straße laufen Sie durch die weiße Pforte zum hölzernen Glockenturm neben der St.-Willehad-Kirche.

✞ Die St.-Willehad- oder St.-Wilhadi-Kirche in Ulsnis mit ihrem frei stehenden Glockenturm ist sicherlich eine der schönsten Dorfkirchen in der Region. Sie wurde im 12. Jh. auf einer Kuppe über der Schlei errichtet. Von der Sitzbank unter dem Holzturm kann man über die sanft gerundeten Hügel der Angelner Landschaft über die Schlei bis ans Schwansener Ufer gucken. Das ursprüngliche Südportal im heutigen Vorhaus wird um 1150 datiert und macht die Kirche damit zur ältesten erhaltenen Kirche Angelns, die auf eine etwa gleich lange Geschichte wie der Dom zu Schleswig zurückblicken kann.

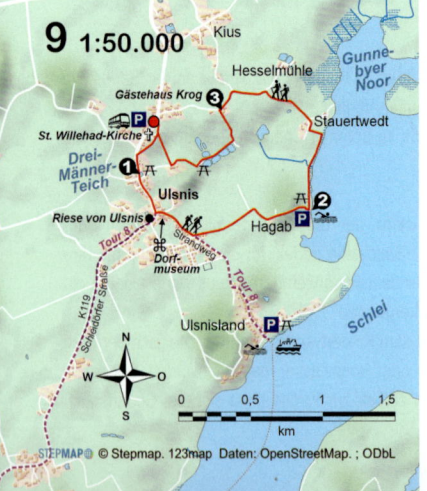

Halten Sie sich dann hinter der Kirche rechts, verlassen Sie den Friedhof im südwestlichen Teil durch das gemauerte Tor aus dem 18. Jh. und biegen Sie nach links auf den Gehweg an der Schleidörfer Straße ein. Vorbei am Drei-Männer-Teich mit einladendem ⊼ Rastplatz erreichen Sie das Gerätehaus der Freiwilligen Feuerwehr ❶, wo ein Regiomat die Möglichkeit eröffnet, rund um die Uhr lokale Köstlichkeiten zu erwerben. In direkter Nachbarschaft liegt gegenüber dem Kindergarten (mit öffentlichem Spielplatz) der Abzweig des Strandwegs nach links. Mit einem Abstecher auf der Schleidörfer Straße geradeaus stehen Sie 100 m weiter vor der gigantischen Stahlkonstruktion des Riesen von Ulsnis (☞ Tour 8), für die Fortsetzung der Wanderung folgen Sie dem Strandweg nach links (vom Riesen kommend nach rechts) Richtung Schlei und erreichen nach ein paar Schritten das kleine Dorfmuseum.

⌘ Dorfmuseum Ulsnis, Strandweg, 24897 Ulsnis, 🖥 www.ulsnis.de/dorfmuseum/, 🕒 Ostern bis Ende Oktober, So/Fei 14:00-17:00

Buddel- und Spielpause an der Badestelle Hagab

Knapp 300 m hinter dem Museum biegen Sie nach links auf den Weg ab, der zunächst durch die Felder kurvt und Sie schließlich durch einen dunklen Buchenwald zur 〰 Badestelle Hagab ❷ mit einem kleinen, aber feinen Sandstrand bringt.

🐕 Der Hundestrand ist etwa 100 m weiter zu finden.

Von der Badestelle folgen Sie dem Uferwanderweg entlang der Schlei nach Norden. Nach der Brücke über einen schmalen Bach kommen Sie am Gelände des Segelclubs vorbei zu den Häusern von Stauertwedt, wo Sie die grünen Markierungen wieder auf eine befestigte Straße bringen. Sie wird von hohen Knicks gesäumt und führt an einem Reetdachanwesen vorbei. An den beiden folgenden Wegkreuzungen halten Sie sich jeweils links und erreichen schließlich das Gästehaus Krog ❸.

Das heute als kleines Hotel genutzte Gebäude war früher einmal das Armenhaus der Gemeinde und ist Fans der ehemaligen ZDF-Fernsehserie „Der Landarzt" als Gasthof der Landarzt-Gattin Maren Jantzen bekannt. In der realen Welt galt es über zehn Jahre lang als Institution für üppige Tortenstücke. Damit ist aber seit Ende der Saison 2015 leider Schluss, da die Betreiberin Hedda Krog in den wohlverdienten Ruhestand trat. Ein Landarzt-Café war das Gästehaus Krog aber übrigens nie: Es durfte nur am Ruhetag gedreht werden.

Schleipanorama

Laufen Sie hinter den Gebäuden auf den Weg Richtung Wasser. (Wenn Sie mit dem Kinderwagen unterwegs sind, können Sie auch weiter geradeaus auf der Straße zurück nach Ulnis laufen, um den folgenden schönen, aber etwas holprigen Wanderweg zu umgehen.)

Nach gut 200 m wenden Sie sich vor den Teichen nach rechts und erreichen eine Rastbank. Hier folgen Sie der Asphaltstraße nach rechts und laufen dann beim reetgedeckten Pastorat auf dem Weg nach rechts zwischen den Feldern direkt zur Kirche von Ulsnis zurück.

⑩ Lindaunis

Wanderung für Genießer und Landarzt-Fans

Ein Blick auf die denkmalgeschützte Klappbrücke, das idyllische Waldgebiet Hegeholz und das Café Lindauhof, Fans der TV-Serie „Der Landarzt" besser als Landarzt-Praxis bekannt, sind nur drei der zahlreichen Höhepunkte dieser kurzweiligen Tour, die überwiegend auf Gehwegen oder ruhigen Straßen verläuft.

↻	Start/Ziel: Camping Lindaunis, Schleistraße 1, 24392 Lindaunis, GPS N 54°35.193' E 009°49.016'
⟳	6,3 km
⧖	2 Std.
↑ ↓	60 m/60 m
⇧	0-30 m
✎	keine Markierung vorhanden
	Der überwiegende Teil der Strecke verläuft auf Asphalt, ein kleinerer Anteil auf naturbelassenen Wanderwegen.
✗	Restaurant zur Schleibrücke (km 0,3), Landgasthof Schlei Kate (km 1,5)
☕	Café Lindauhof (km 5,1)
⊼	Rastplätze an der Schleibrücke (km 0,2) und am Jachthafen (km 0,5), im weiteren Verlauf vereinzelt Sitzbänke
≈	Abzweig zur Badestelle Lindaunis bei km 1,2, Badestelle am Lindauer Noor (km 5,7)
👪	Die Tour ist für Familien mit wanderfreudigem Nachwuchs gut geeignet. Ein Höhepunkt ist die weitläufige Liegewiese an der Badestelle in Lindaunis mit Fußballtoren.
🚼	Die Tour verläuft überwiegend auf Fußwegen, ruhigen Straßen oder festen Waldwegen und lässt sich gut mit Kinderwagen befahren.
🐕	Die Strecke ist aufgrund zahlreicher asphaltierter Wege nicht für Wanderungen mit Hund prädestiniert.
🚌	keine praktikable Busanbindung
🅿	Parkplatz vor dem Campingplatz Lindaunis

Ausgangspunkt dieser Rundwanderung ist der Parkstreifen gegenüber vom Campingplatz nördlich der historischen Klappbrücke, die an der Engstelle – die Schlei ist hier rund 130 Meter breit – von Lindaunis seit 1926 Angeln und Schwansen bzw. die beiden Landkreise Schleswig-Flensburg

und Rendsburg-Eckernförder miteinander verbindet und wird mehrmals am Tag aufgeklappt, damit größere Schiffe passieren können. Aktuell wird die bestehende Brücke durch einen Neubau ersetzt, der direkt nebenan in östlicher Nachbarschaft errichtet wird, da die Technik des fast 100 Jahre alten Bauwerks in die Jahre gekommen ist und die Instandhaltung nicht mehr wirtschaftlich ist. Künftig wird für die Überfahrt der Züge nur noch der KFZ-Verkehr angehalten, Radverkehr sowie Fußgängerinnen und Fußgänger erhalten einen separaten Bereich, um die Brücke sicher neben dem Zugverkehr passieren zu können. Wenn alles nach Plan läuft, soll die neue Brücke Ende 2025 ihren Dienst aufnehmen.

Am Parkplatz mit Blick gen Campingplatz laufen Sie ein kurzes Stück nach links in Richtung Brücke und biegen dann hinter dem Restaurant im einstigen Bahnhof von Lindaunis nach links über die Schienen auf die Schleistraße, die direkt am Ufer verläuft.

✗ Restaurant Zur Schleibrücke, Schleistraße 3, 24392 Boren,
☎ 046 41/986 27 88, 🖥 www.zurschleibruecke.de, 🍴 Mi-So ab 17:00

Vorbei am kleinen Jachthafen laufen Sie bequem und sicher auf dem Gehweg neben der wenig befahrenen Straße nach Lindaunis. Vor Fleischer und Friseur können Sie nach rechts einen Abstecher ❶ in die Sackgasse Schleibogen zur 🏊 Badestelle mit großer Liegewiese machen.

Weiter auf der Schleistraße ist mit dem Landgasthof Schlei Kate die nächste stilvolle Einkehrmöglichkeit erreicht.

✕ Schlei Kate, Am Noor 6, 24382 Lindaunis, ☎ 046 41/986 26 28, 💻 www.schleikate.de, 🍴 Do-Sa 17:00-21:00, So Brunch 10:00 – 14:00, Kaffee & Kuchen 14:30 – 17:00

Schleistraße

50 m hinter dem Landgasthof biegen Sie nach links auf die Straße Am Nissberg ab. Es geht leicht bergan und nachdem Sie eine imposante Hofzufahrt passiert haben, biegen Sie bei der Infotafel des Wikinger-Friesen-Radwegs nach links auf den Waldweg ins Hegeholz ab ❷. Der schattige Wald bietet immer wieder gute Ausblicke über das Wasser.

Wikinger-Friesen-Weg
Der Wikinger-Friesen-Weg ist ein markierter Fernradweg einmal quer durch Schleswig-Holstein. Ausgehend von St.-Peter-Ording geht es über das einst vom holsteinischen Herzog Friedrich mit holländischen Siedlern gegründete Friedrichstadt entlang der historischen Ost-West-Handelsroute der Wikinger durch das Binnenland bis zur Wikingersiedlung Haithabu am Ende der Schlei und weiter bis Maasholm an der Ostsee.

Der Wikinger-Friesen-Weg gilt als der erste vertonte Fernradweg Deutschlands. Der Audioguide im MP3-Format kann kostenlos heruntergeladen werden (www.wikinger-friesen-weg.de/reiseplanung/audioguide/) und an den entsprechenden Stationen vor Ort lässt sich dann der jeweilige Track abspielen, um mehr über Geschichte, Tiere, Pflanzen und vieles Interessante zur Region zu erfahren.

Gebietsgemeinschaft Grünes Binnenland e.V., Dorfstraße 8, 24963 Tarp, 046 38/89 84 04, www.wikinger-friesen-weg.de

Im Wald gibt es viel zu entdecken – Hegeholz

Windmühle in Lindau

An der Weggabelung nach knapp 400 m halten Sie sich rechts, um in einem Bogen zurück zur Straße zu kommen, in die Sie nach links einbiegen. An der T-Kreuzung bei der mächtigen Friedenslinde folgen Sie weiter der Straße geradeaus, überqueren nach etwa 800 m die Bahnlinie und stehen dann direkt vor der historischen Windmühle von 1837.

An der Kreuzung wenden Sie sich nach rechts. Biegen Sie dann nach etwa 500 m an der nächsten Möglichkeit links ab. Die ruhige Straße führt leicht bergan zur unscheinbaren ✞ Kirche und senkt sich dann vorbei an Feldern, Äckern und Weiden hinab zum Café Lindauhof ❸. Das im 16. Jh. errichtete, reetgedeckte Gutshaus diente von 1986 bis 2012 als Drehort für die Landarztpraxis im fiktiven Schleiort Deekelsen und ist heute als Café ein beliebtes Ausflugsziel.

- Café Lindauhof, Lindauhof 4, 24392 Boren, ☎ 046 41/37 10, www.cafelindauhof.de, 🗓 März-Okt. Di-Fr 11:00-19:00, Sa/So/Fei 9:00-19:00, Nov.-Feb. Sa/So/Fei 9:00-19:00, Jan. und Dez. geschlossen

> Abstecher zum Schneiderhaken (einfacher Weg ca. 2,5 km): Wem die vorgestellte Tour zu kurz ist, der kann sich hinter dem Café Lindauhof nach rechts vorbei an der Schlei-Marina Richtung Lindaukamp wenden. Nach 800 m beschreibt die Straße vor einem Gehöft eine Linkskurve und bei der Kreuzung am nächsten Hof folgen Sie der Straße nach links. Sie bringt Sie nach gut 250 m direkt ans Wasser und Sie laufen immer direkt hinter dem Schilf mit tollen Ausblicken über das Wasser bis zur Badestelle Kleines Nis am Schneiderhaken, direkt gegenüber der Lindaunis-Klappbrücke.

Café Lindauhof

Am Parkplatz vor dem Lindauhof wenden Sie sich nach links und nach knapp 300 m an der nächsten Kreuzung auf der Landstraße nach rechts. Vorbei an einer kleinen Badestelle gelangen Sie zurück zum Startpunkt vor dem Campingplatz.

⓫ Süderbrarup

Wanderung für Naturliebhaber

Die ruhige Rundwanderung folgt zunächst der alten Kreisbahntrasse, später befestigten Wirtschaftswegen durch Felder und Wald im grünen Süden von Süderbrarup. Das Ende bildet ein kurzer Spaziergang durch die „heimliche" Hauptstadt Angelns, die sich etwa auf der Mitte zwischen Kappeln und Schleswig gelegen als recht lebendiges ländliches Unterzentrum präsentiert.

↻	Start/Ziel: Bahnhof Süderbrarup, Bahnhofstraße 15, 24392 Süderbrarup, GPS N 54°38.211' E 009°46.275'
⟳	8,5 km
⧗	3 Std.
↑↓	50 m/50 m
⇧	15-35 m
✎	Die Strecke südlich von Süderbrarup ist als permanenter IVV-Wanderweg markiert.
🚶	Die Route verläuft etwa hälftig auf naturbelassenen Wanderwegen und asphaltierten Strecken.
✕	Einkehrmöglichkeiten nur in Süderbrarup (km 0 bzw. km 8,5)
🎋	vereinzelt Sitzbänke am Wegesrand
🛒	mehrere Supermärkte und Discounter in Süderbrarup (km 0 bzw. km 8,5)
🏊	Freibad in Süderbrarup
WC	Toilette im Bahnhof (km 0 bzw. km 8,5) und am Marktplatz (km 6,1) in Süderbrarup
👪	Die Strecke ist für Touren mit Kindern geeignet und abgesehen vom Stadtgebiet Süderbrarup sind die Wege autofrei oder zumindest nur schwach befahren. Mit weniger wanderfreudigen Kindern kann man sich auf den nördlichen Abschnitt beschränken, hier locken der Spielplatz und das Freibad.
🛒	Die Route verläuft größtenteils über asphaltierte Wege oder feste Waldwege und ist daher gut mit dem Kinderwagen zu fahren. Etwas beschwerlicher ist lediglich der erste Abschnitt auf dem alten, grasüberwachsenen Bahndamm mit nur schmaler Fahrspur.
🐕	Der Weg ist gut für Hunde machbar.
🚆	Süderbrarup liegt an der Regionalbahnstrecke von Kiel nach Flensburg.
🚌	Busverbindung von Schleswig-ZOB nach Süderbrarup mit der Linie 600 (Schleswig-Kappeln), Fahrplan unter 🖥 www.nah.sh, www.vsf-gmbh.com

🅿 ausreichend Parkmöglichkeiten am Bahnhof in Süderbrarup oder bei den Supermärkten an der Hauptstraße durch den Ort, z. B. direkt neben dem Beginn der Kreisbahntrasse (GPS N 54°38.116' E 009°46.291'), alternativ auf dem Marktplatz, Am Markt, 24392 Süderbrarup (GPS N 54°38.190' E 009°46.812')

Wer sich vor dem Loslaufen noch mit selbst gebackenem Kuchen oder einem kleinen Snack stärken will, findet dazu Gelegenheit im Bahnhofscafé.

☕ Ebsen's Kaffeehaus, Bahnhofstraße 15, 24392 Süderbrarup, ☏ 046 41/989 83 88, 🕒 Mi-So 6:30-17:00

Mit dem Bahnhof im Rücken folgen Sie der Bahnhofstraße nach rechts und laufen 200 m weiter an der T-Kreuzung auf der Großen Straße nach rechts. Sie bildet die Hauptlebensader, entlang derer sich die meisten Einzelhandelsgeschäfte, Restaurants und Dienstleistungsunternehmen wie auf einer Perlenkette aneinanderreihen.

Gut vor der Sonne geschützt – auf der Kreisbahntrasse bei Süderbrarup

Direkt hinter dem Bahnübergang, noch vor dem Parkplatz, zweigt nach links an der Umlaufsperre der Radweg Alte Kreisbahntrasse ab. Die Strecke verläuft zunächst parallel zu den heutigen Bahngleisen und ist von Bäumen überwachsen, sodass es auf den ersten Metern angenehm schattig ist. Hinter einem kleinen Teich mit Ruhebank ❶ schwenkt die Strecke von der heutigen Bahnlinie weg und kreuzt 1,5 km weiter erstmalig eine Straße.

Hier folgen Sie dem Radweg nach links vorbei am Meierhof bis zur Straßenkreuzung in Nottfeld. Sie überqueren die Straße und laufen links von der Landstraße auf die schmalere Straße (Kuhholz), vorbei an den Glas-/Altkleidercontainern. Im weiteren Verlauf stehen ein paar hübsch anzuschauende Reetdachhäuser Spalier. Nachdem Sie das Schullandheim und Tagungshaus Christianslyst hinter sich gelassen haben, wechselt der Straßenname zu Hoheluft und am Wegesrand bieten sich mehrere Sitzbänke für eine Rast an.

Idyllischer Waldweg am südlichen Ortsrand von Süderbrarup

Das ursprüngliche Christianslyst wurde, wie die Jahreszahl am Giebel verrät, 1787 als Jagdhaus für König Christian VII. errichtet und gehörte bis 1864 zur dänischen Krone. Im Anschluss war es Wohnsitz des Försters und seit 1952 wird es von der dänischen Minderheit als Tagungs- und Jugendbildungszentrum genutzt.

Beim Überqueren der Brücke über die Bahnschienen ❷ öffnet sich ein weiter

Blick auf die umliegenden Felder und dort, wo die Straße 150 m weiter zu einer Rechtskurve ansetzt, wenden Sie sich nach links auf den Feldweg, der Sie in ein schönes Waldstück bringt. Am Ende laufen Sie auf etwas gröberem Schotter, halten sich an der Weggabelung links und durchwandern ein weiteres Waldgebiet. Sie passieren an dessen Ende den Bauwagen des Waldkindergartens und kommen an den südlichen Rand von Süderbrarup.

Hier laufen Sie auf der Waldstraße knapp 200 m nach links und folgen ihr an der nächsten größeren Kreuzung nach rechts. 100 m nachdem die Mühlenstraße überquert ist, laufen Sie am Beginn des Wanderwegs über die grüne Freifläche schräg nach links und auf der Straße bei dem Parkplatz vor dem Kindergarten nach links. An der Rückseite der Gewächshäuser einer Gärtnerei halten Sie sich rechts, überqueren die Kappelner Straße an einer Fußgängerampel und stehen auf dem großen Marktplatz ❸, an dem immer freitags ein Wochenmarkt stattfindet.

Seit 1593 findet auf dem Marktplatz jedes Jahr am letzten Wochenende im Juli der Brarupmarkt statt. In seiner über 400-jährigen Geschichte hat er sich von einem bäuerlichen Markt zum größten Jahrmarkt auf dem Land in Schleswig-Holstein entwickelt, bis heute findet aber am vorletzten Tag der traditionelle Viehmarkt statt.

Überqueren Sie den Marktplatz rechts von dem Toilettenhäuschen und setzen Sie die Wanderung am Ende auf der Straße Am Markt fort.

✋ Nach gut 100 m führt ein Abstecher auf der Quellenstraße (Wegweiser Freibad) nach rechts zum 〰 Freibad und zur inzwischen versiegten heiligen Quelle.

〰 Freibad Zur heiligen Quelle, Quellenstraße, 24392 Süderbrarup, ☏ 046 41/36 60, Mai-Sept. tgl. 14:00-20:00

In vorchristlicher Zeit hatte die heilige Quelle in Süderbrarup den Ruf einer heilenden Wirkung weit über die Grenzen Angelns hinaus, wie ein anhand von Lager- und Feuerstätten nachgewiesener Pilgerstrom beweist. Wie so oft übernahmen die Christen den heidnischen Brauch und noch bis zur Mitte des letzten Jahrhunderts konnten Kinder mit dem Quellwasser getauft werden. Inzwischen ist die heilige Quelle, zu finden in der Quellenstraße neben dem gleichnamigen Freibad, versiegt und führt nur noch nach Regenfällen Wasser, und zwar gespeist durch die Drainage des Sportplatzes.

Sie folgen weiter geradeaus der Bachstraße und biegen dann an der Hausnummer 41, einem imposanten Klinkergebäude mit den Jahreszahlen 1891-1911 im Giebel, rechts ab. Nach gut 300 m beginnt linker Hand eine Wasserfläche, die von Enten bevölkert wird. Auch Gänsegeschnatter ist zu vernehmen und in den Baumwipfeln krächzen die Raben. Den Durchgang im Zaun zum Wanderweg finden Sie bei ein paar Sitzbänken, anschließend umrunden Sie den Tümpel entgegen dem Uhrzeigersinn.

Das Thorsberger Moor ist ein Kesselmoor am nördlichen Ortsausgang von Süderbrarup in Richtung Norderbrarup. In der römischen Kaiserzeit vor 2.000 Jahren war es ein großes Opfermoor, in dem die Legionäre Tongefäße mit Weihegaben opferten, um ihre Waffen und Rüstungen zu weihen.

Thorsberger Moor

Bei dem Schild „Archäologisches Denkmal" mit Hinweisen zur Geschichte des Thorsberger Moores wenden Sie sich nach links und folgen noch ein paar Meter dem Ufer, dann kehren Sie dem Park bei dem Haus mit der Sichtschutzpalisade auf dem gepflasterten Weg den Rücken und folgen der Straße bis zur nächsten Kreuzung. Hier biegen Sie links in die Bachstraße ein und nehmen dann gleich vor dem Doppelcarport die erste, nach rechts abzweigende Straße, die Sie in den Bürgerpark führt.

Bei dem großen Findling am Eingang folgen Sie dem Weg nach rechts und können hinter dem Mobilfunkmast im Vordergrund in einiger Entfernung die Kirche von Süderbrarup entdecken. Vor dem Zaun halten Sie sich rechts und biegen dann am Ende links in die Angelnstraße ein. An der Kreuzung hinter dem Spielplatz bringt Sie schließlich die Bismarckstraße nach rechts zurück zum Bahnhof.

⑫ Ekenis und Boren

Unkomplizierte Rundtour für den Feierabendspaziergang

Von der Marienkirche in Boren geht es auf ruhigen Feldwegen und Nebenstraßen nach Ekenis, wo – etwa auf der Hälfte der Strecke – der Naturerlebnisraum die Augen für die Besonderheiten in der Naturlandschaft der Region öffnet und die Gelegenheit zu einer ausgedehnten Pause bietet, bevor es zurück zum Ausgangspunkt geht.

- ↻ Start/Ziel: Marienkirche in Boren, Schulstraße 9, 24392 Boren, GPS N 54°36.807' E 009°49.135'
- ⟳ 8,1 km
- ⏳ 2 Std.
- ↑↓ 50 m/50 m
- ⇧ 0-30 m
- ✎ Die Strecke ist mit Wegweisern „Tour 1/Ostseelaufküste" markiert.

Start an der St.-Marien-Kirche in Boren

Unterwegs

- 🛣️ Die Tour verläuft überwiegend auf Asphalt.
- ✕ Unterwegs gibt es keine Einkehrmöglichkeiten.
- 🪑 Rastplatz mit Schutzhütte am Naturerlebnisraum Moostoft in Ekenis (km 5,3), vereinzelt Sitzbänke im Streckenverlauf
- 👨‍👩‍👧 Die Tour ist für Familien mit älteren Kindern geeignet.
- 🚼 Die Strecke folgt durchgehend befestigten oder asphaltierten Wegen und ist für die Befahrung mit Kinderwagen unproblematisch.
- 🐕 In weiten Teilen findet sich ein Grünstreifen neben dem Weg, trotzdem ist die Tour nicht unbedingt die erste Wahl für den Spaziergang mit Vierbeiner.
- 🚌 Linie 610 Kappeln-Arnis-Süderbrarup, Haltestelle Kindergarten-Boren, in der Woche mehrmals täglich
- 🅿️ Parkplatz an der Marienkirche in Boren

Die St.-Marien-Kirche in Boren stammt aus der ersten Hälfte des 13. Jh., der hölzerne Glockenturm kam erst gegen Ende des 17. Jh. dazu.

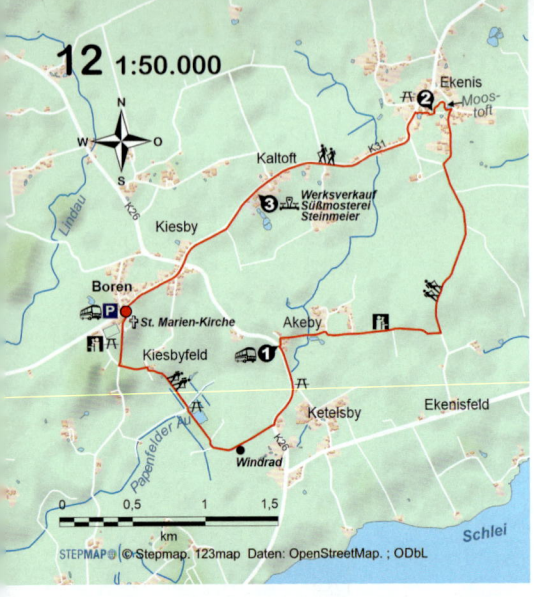

Am Parkplatz vor der Kirche orientieren Sie sich am Wegweiser „Lindaunis 2,9 km" und folgen ihm rechts an der Kirche vorbei. Vor dem Sportplatz laufen Sie dann nach links an der Friedhofsmauer entlang und erreichen eine Rastbank mit freiem Blick über die Felder.

Der grasbewachsene Weg führt zwischen den Feldern hindurch auf ein Waldstück zu. Davor biegen Sie hinter dem Haus auf der Straße Kiesbyfeld nach links ab. Nach 200 m erreichen Sie den nächsten Hof und laufen nach rechts in einem Bogen darum herum und auf dem Feldweg weiter in südöstliche Richtung.

An dem kleinen Teich am linken Wegesrand lädt eine Sitzbank zur Pause ein und der Weg „klettert" zu einem Windrad auf einer kleinen Anhöhe hinauf. Im Sommer blühen Kornblumen zwischen den wogenden, gelben Getreideähren und in der Luft kreisen Mäusebussarde auf der Suche nach Beute.

Am Ende treffen Sie auf eine Straße und laufen nach links auf dem Radweg weiter. An der ersten nach rechts abzweigenden Straße steht eine Sitzbank, der nächsten (Akeby) bei der Bushaltestelle ❶ folgen Sie nach rechts. Halten Sie sich an der Gabelung direkt dahinter wieder rechts, ebenso 300 m weiter (links Sackgasse). Die ruhige Straße führt gen Osten, vorbei an einem Reiterhof. Voraus rückt bald die Schlei ins Blickfeld.

An der T-Kreuzung am Ende geht es nach links weiter und bald ist das Ortsschild von Ekenis erreicht. An der Kreuzung dahinter laufen Sie nach rechts und vorbei an prächtigen Bauernhäusern durch den Ort. Biegen Sie dann vor der nächsten Straßenkreuzung scharf nach links unter dem Holzportal ❷ hindurch auf den Moostoft-Lehrpfad ab.

Das Moostoft ist ein Toteisloch der letzten Eiszeit. Nachdem sich die Gletscher zurückgezogen hatten, verlandete es und entwickelte sich zu einer moorigen Feuchtwiese. Um die Fläche landwirtschaftlich nutzen zu können, wurde sie zu Beginn des 20. Jahrhundert entwässert und diente nach dem Zweiten Weltkrieg als Weide für Kühe und Pferde. Im Zuge der Dorferneuerung ab 1996 wurde das Areal renaturiert und es entstand der Naturerlebnisraum Moostoft mit drei verschiedenen Teichen und einem schmalen, langsam fließenden Bach. Zahlreiche Schautafeln vermitteln interessantes Hintergrundwissen zu verschiedenen Lebensräumen.

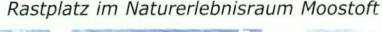

Rastplatz im Naturerlebnisraum Moostoft

Im nordwestlichen Teil des Naturerlebnisraums finden Sie den ⛺ Rastpavillon und setzen die Wanderung links davon fort. Der grasüberwachsene Weg führt zwischen Holzzäunen an einem Teich vorbei und ein zweites Holzportal entlässt Sie auf den Radweg neben der Straße, dem Sie nach links Richtung Westen vorbei an der Süßmosterei Steinmeier ❸ mit 🚜 Werksverkauf in Kiesby (🕐 Mo- Fr 8:00- 12:00 und 13:00- 16:00) zurück nach Boren folgen.

Uferwanderweg, Tour 18

Zwischen Kappeln und Ostsee

⑬ Kappeln und Arnis

Wanderung für Liebhaberinnen und Liebhaber des maritimen Flairs

Die vorgestellte Rundtour führt von Kappeln mit historischer Windmühle und einer schönen Hafenfront auf der Angelner Schleiseite nach Arnis, der kleinsten Stadt Schleswig-Holsteins, und am Schwansener Ufer zurück. Unterwegs bieten sich viele schöne Ausblicke über die Schlei und wer möchte, kann die Wanderung auch mit einer Schiffstour kombinieren. Sowohl Kappeln als auch Arnis sind touristische Hotspots in der Schleiregion, sodass in der Hochsaison die zahlreichen Radlerinnen und Radler den Wanderspaß trüben können.

- ↻ Start/Ziel: Hafen in Kappeln, GPS N 54°39.565' E 009°55.829'
- ⟳ 11,9 km
- ⧖ 3 Std. 30 Min.
- ↑↓ 80 m/80 m
- ⇧ 0-30 m
- ✎ Die Strecke ist nicht durchgehend markiert.
- 🚰 Etwa 2/3 der Tour folgen asphaltierten Nebenstraßen, 1/3 der Strecke befestigten Wanderwegen.
- ✕ zahlreiche Einkehrmöglichkeiten am Hafen von Kappeln (km 0 bzw. km 11,9) und in Arnis (km 4,8) sowie am gegenüberliegenden Ufer in Sundsacker (km 5,4) und Kopperby (km 7,6)
- 🪑 Besonders hoch ist die Sitzbankdichte auf den Wanderwegabschnitten direkt an der Schlei zu Beginn und in der zweiten Hälfte der Tour.
- 🏪 Läden am Hafen in Kappeln (km 0 bzw. km 11,9)
- WC Toiletten am Hafen in Kappeln und bei der Museumsbahn sowie an der Badestelle in Arnis (km 4,6)
- 🏊 Badestelle in Arnis (km 4,6)
- 👪 Für die Wanderung mit Kindern bietet sich besonders die erste Hälfte der Strecke bis Arnis an, die in weiten Teilen einem autofreien Wanderweg folgt. Nach einem ausgiebigen Badestopp am weitläufigen Strand geht es dann mit dem Ausflugsdampfer zurück.
- 🚼 Die Strecke ist durchgehend mit dem Buggy befahrbar.

- 🐕 Die Strecke ist gut für Hunde machbar.
- 🚌 mehrmals täglich Buslinie 600 Schleswig-Süderbrarup-Kappeln
- ⛴ verschiedene Ausflugsfahrten sowohl in Richtung Schleimünde wie auch nach Schleswig mit der „MS Stadt Kappeln", ☎ 046 42/61 84, 🖥 www.schlei-ausflugsfahrten.de, oder „Schlei Princess"/„Wikinger Princess", ☎ 046 42/65 32, 🖥 www.schleiraddampfer.de
- ✋ Erkundigen Sie sich vor dem Loswandern unbedingt, ob die Fähre zwischen Arnis und Sundsacker verkehrt (im Winter wird der Fährbetrieb eingestellt), ☎ 046 42/30 50.
- 🅿 großer Parkplatz direkt an der B203 vor dem Hafen in Kappeln (der etwas weiter entfernte der beiden Parkplätze ist kostenfrei, am zweiten direkt vor dem Hafen ist ein Parkschein erforderlich), alternativ Start in Arnis, hier ebenfalls großer Parkplatz vor dem Ortszentrum (gebührenpflichtig, GPS N 54°37.876' E 009°55.798')

Blick vom Fähranleger in Sundsacker

Vom Parkplatz neben der Bundesstraße starten Sie in Richtung Klappbrücke und erreichen links am Brückenkopf vorbei die Hafenpromenade. Hinter der auf der Bank sitzenden Fischerstatue laufen Sie nach rechts unter der Brücke durch und am Wasser weiter in südliche Richtung. Sie passieren die historischen Züge der Angelner Dampfeisenbahn, den Segelclub und das rot geklinkerte Industriegebäude mit dem markanten Schornstein. Seit über 90 Jahren hat man sich bei Cremilk auf die Sprühtrocknung von Nahrungsmitteln spezialisiert und so kamen z. B. der erste Instantkaffee und die erste Säuglingsmilchnahrung in Deutschland aus Kappeln.

Der letzte Personenzug rollte 1972 nach Kappeln. 1981 wurde auch der Güterverkehr eingestellt. Nach dem Ende des regulären Zugbetriebs verkehrte erstmalig zu den Heringstagen 1979 ein Sonderzug auf der etwa 15 km langen Strecke zwischen Kappeln und Süderbrarup. Inzwischen hat sich die Angelner Dampfeisenbahn mit Loks und Waggons vor allem aus Skandinavien zu einem Anziehungspunkt für alle Eisenbahnfreunde entwickelt. Und in den Waggons der 1920er-Jahre, die angetrieben von einer

Dampflok durch die Angelner Landschaft tuckern, lässt sich eindrucksvoll erleben, wie sich Eisenbahnfahren einmal angefühlt hat.

Aktuelle Informationen zu den Fahrzeiten der Museumsbahn finden Sie unter :

🖥   www.angelner-dampfeisenbahn.de.

Fischerboote in Kappeln

Ein weiterer Höhepunkt für Technik-Nostalgiker ist der Kappelner Museumshafen ❶, wo rund 20 historische Frachtsegler, Lastkähne und Kutter die Augen aller großen und kleinen Seebären zum Leuchten bringen. Dahinter folgen Sie dem Wanderweg vorbei an ein paar kleinen Werften und immer hinter dem Schilfgürtel entlang mit Blick auf die Schlei.

Gut 2 km nach dem Start biegen Sie vor der Doppel-Reetdachkate auf der Straße nach rechts ❷ und auch an der direkt im Anschluss folgenden Kreuzung folgen Sie dem Wegweiser „Wanderweg Arnis" nach rechts. Die Straße führt in einem Bogen bis zu ein paar Häusern und geht in einen ungeteerten Wanderweg über, der Sie bei der Wassersportgemeinschaft Grödersby/Arnis auf die Friedenshöher Straße entlässt, der Sie nach links folgen.

Hinter dem großen Parkplatz (gebührenpflichtig) vor dem Ortskern biegen Sie nach rechts auf den Wanderweg ab, der Sie vorbei am Sportplatz bis zur Schifferkirche von Arnis bringt.

Arnis wurde im 17. Jh. von Fischern aus Kappeln gegründet, als ihnen dort die Leibeigenschaft drohte. Einst eine Insel, ist Arnis seit dem 19. Jh. mit dem Festland verbunden und besitzt seit 1934 das Stadtrecht. Die mit rund 300 Einwohnern kleinste Stadt Schleswig-Holsteins besteht im Wesentlichen aus einer Straße, die von Bäumen und hübschen Giebelhäusern aus dem 18. und 19. Jh. gesäumt wird. Das älteste Haus ist in der Langen Straße 13 zu finden. Auffällig ist hier der Vorbau zur Straßenseite, „Utlucht" genannt, wie er einst typisch war für das Arnisser Stadtbild.

Am südwestlichen Ende der Langen Straße erhebt sich die Schifferkirche aus dem 17. Jh., die ursprünglich aus Gotländer Ziegeln errichtet werden sollte. Weil aber das Schiff beim Transport sank, wurden Backsteine für den Kirchenbau verwendet. Sehenswert im Inneren sind die vier prachtvollen Votivschiffe, die an die Seefahrervergangenheit des Ortes erinnern.

≈ Direkt unterhalb des Friedhofs liegt der lange Badestrand mit großem angrenzenden Spielplatz.

Am Badestrand vor der Kirche wenden Sie sich auf dem Wanderweg nach links und erreichen die erste Einkehrmöglichkeit.

✗ Restaurant Strandhalle, Strandweg 125, 24399 Arnis, ☎ 01 73/598 99 89, 🕒 Mitte April bis September tgl. ab 11:30, im Winter geschlossen

Der Wanderweg bringt Sie nun weiter am Schleiufer entlang in nördliche Richtung und nachdem Sie mehrere Werften hinter sich gelassen haben, ragt rechter Hand ein Steg in die Schlei, auf dem die blaue Holzfassade der Schleiperle in der Sonne leuchtet.

✗ Schleiperle, Strandweg 125, 24399 Arnis, ☎ 046 42/20 85, Apr.-Okt. Di-So ab 11:00, im Winter geschlossen

Kirche in Arnis

Gut 200 m weiter erreichen Sie den Fähranleger ❸, wo Sie per Motorseilfähre ans etwa 200 m entfernte Schwansener Ufer übersetzen.

 Schleifähre, ☏ 046 42/30 50, 🕒 7:00-19:00, im Sommer bis 22:00, kein Fährbetrieb von Dez. bis Feb.

Die Fährpassage bringt Sie in das Dorf Sundsacker. Hier in der Gemeinde Winnemark bietet die Firma Event Nature die unterschiedlichsten Möglichkeiten, um die Schleiregion zu erkunden. Neben dem großen Hüttencamp gibt es einen Biergarten, in dem neben Kuchen auch Cocktails mit Schleiblick serviert werden. Der Kanuverleih eröffnet die Möglichkeit, eine Paddeltour auf der Schlei zu unternehmen und ab sechs Personen werden auch eintägige Schnuppersegelkurse angeboten.

✗ Event Nature, Mühlenberg 4, 24398 Sundsacker, ☏ 046 44/973 71 70, 💻 www.eventnature.de, 🕒 in der Hauptsaison tgl. 12:00-20:00

Natürlich lässt sich die Schlei auch mit einem Kajak oder Kanadier erkunden. Sie präsentiert sich als sehr spannendes Kanugewässer, auf dem sich schmale Strecken mit weiten Wasserflächen abwechseln. Der Schwierigkeitsgrad hängt dabei in erster Linie von den Wetterverhältnissen ab. Vom ruhigen, spiegelglatten „Ententeich" in den Seitenbuchten bis hin zu stattlichen Wellen, die sich auf den offeneren Abschnitten schon bei etwas stärkerem Wind aufbauen, ist alles möglich. Anfänger sollten in jedem Fall in Ufernähe bleiben, das gilt natürlich gerade auf den breiteren Abschnitten der Schlei.

Event Nature Kanuvermietung Schlei, Mühlenberg 4, 24398 Sundsacker, ☏ 046 44/973 71 70, 💻 www.kanuvermietung-schlei.de, 🕒 Mai-Okt. tgl. 10:00-18:00

Vom Fähranleger folgen Sie der Straße bergan. Unterwegs lohnt sich der Blick über die Schulter zurück auf das Schleipanorama. Bei dem Stromkasten biegen Sie dann nach links auf eine ruhige, kaum befahrene Straße ab, die sich zwischen Feldern nach Norden schlängelt. Aufgrund einer kleinen Anhöhe ist die Schlei auf dieser Strecke aber praktisch nicht zu sehen. Nach gut 1 km erreichen Sie Kopperby und laufen auf dem Radweg neben der Straße in den Ort.

Blick auf Kappeln von der Klappbrücke

An der Kreuzung in der Ortsmitte hinter dem Hotel/Restaurant Nordlicht entscheiden Sie sich für den Abzweig ganz links und laufen auf dem Uferweg in einer lang gestreckten Rechtskurve hinab zur Schlei.

✕ ⌘ Hotel/Restaurant Nordlicht, Uferweg 1a, 24376 Kappeln, ☎ 046 42/984 00, 🖥 www.nordlicht.sh, 🗓 tgl. 17:00- 22:00

Beim Kinderspielplatz ❹ laufen Sie links auf den ungeteerten Uferweg und finden auf dem folgenden Abschnitt wieder vermehrt Rastbänke zum Innehalten. Der Uferwanderweg endet in einer Ferienhaussiedlung, wo Sie auf der Straße Hinterm Deich weiter geradeaus laufen. An den ersten beiden Kreuzungen laufen Sie geradeaus weiter, dann biegen Sie bei dem kleinen, eingezäunten Teich rechts ab und es geht leicht bergan.

Nach 500 m biegen Sie oben an der zweiten Möglichkeit nach links in die Lüttfelder Straße. An deren Ende ❺ laufen Sie auf dem Rad-/Fußweg an der Eckernförde Straße nach links durch ein Gewerbegebiet mit Discounter, Fast-Food-Restaurant und dem 🚐 Wohnmobilstellplatz

Blick über die Schlei von Sundsacker in westliche Richtung

sowie der 🏠 Jugendherberge, während am gegenüberliegenden Ufer der Cremilk-Schornstein, die Holländerwindmühle Amanda von 1888 und die barocke St.-Nikolai-Kirche die Stadtsilhouette von Kappeln prägen.

Zu Ihren Füßen rückt die Klappbrücke ins Blickfeld und unten können Sie die Bundesstraße sicher an einer Fußgängerampel überqueren. Auf der gegenüberliegenden Straßenseite laufen Sie in einem Bogen hinter dem Parkplatz vorbei und weiter Richtung Klappbrücke.

Am Brückenkopf begrüßt Sie der Albatros, der einst als Galionsfigur an der „Gorch Fock" mitfuhr, und von der Brücke haben Sie einen guten Ausblick auf den Hafen von Kappeln und den Heringszaun in der Schlei. Mit diesen Pfahlreihen, zwischen denen Weidenruten verflochten sind und die sich wie Trichter schleiaufwärts verengen, wurden schon im 15. Jh. während des Laichzuges von März bis April und beim Ausziehen der Jungfische im Mai Heringe gefangen.

Bevor Sie zum Auto zurückkehren, lohnt es sich, nach rechts durch den Hafen mit zahlreichen schönen Restaurants zu schlendern oder der sehenswerten Innenstadt oberhalb der Schlei einen Besuch abzustatten.

⓮ Rabel

Kurzer Spaziergang für die ganze Familie

Dieser unkomplizierte Spaziergang führt durch die ruhige, idyllische Landschaft rund um das kleine Dorf Rabel. Besonders eindrucksvoll sind der Ausblick bei Rabelsund über die hier nur etwa 250 m breite Schlei und der folgende Abschnitt entlang des Hochufers. Am Ende warten zur Belohnung das gemütliche Dorf-Café sowie der große, kleinkindertaugliche Spielplatz.

↺ Dorf-Café Rabel, Schulstraße 18, 24376 Rabel,
  GPS N 54°41.569' E 009°56.867'
➲ 5,7 km
⧖ ca. 1 Std. 30 Min
↑↓ 60 m/60 m
⇧ 0-20 m

Ausblick Rabelsund

Lauschiger Platz am Schleiufer

- 🏷️ örtliche Wanderwegmarkierung „Graureiher"
- 🥾 Die Strecke folgt ruhigen Nebenstraßen und Wanderwegen.
- ☕ Dorf-Café Rabel (km 0 bzw. km 5,7)
- ⛱️ Tische und Bänke am Spielplatz in der Ortsmitte von Rabel (km 0 bzw. km 5,7) sowie am Hochufer hinter Rabelsund (km 2,9), mehrere Rastbänke im gesamten Tourenverlauf
- 👪 Die Tour bietet sich aufgrund der kurzen Distanz und der ruhigen, über weite Strecken autofreien Wege für Wanderungen mit Kindern an.
- 🚼 Die Strecke verläuft im nördlichen Abschnitt auf asphaltieren Straßen, im südlichen Teil auf einem unbefestigten Wanderweg am Steilufer, daher ist ein geländegängiger Kinderwagen mit guter Luftbereifung zu empfehlen.
- 🐕 Die Tour lässt sich auch gut mit Hunden in Angriff nehmen.
- 🚌 Linien 625 (Kappeln-Maasholm-Gelting) und 800 (Felnsburg – Gelting – Kappeln), in der Woche mehrmals täglich, Haltestelle Nordstraße Rabel (an der B199)
- 🅿️ kleiner Parkplatz (3 Plätze) am Dorf-Café Rabel, alternativer Startpunkt am Parkplatz an der B199 südwestlich von Rabel (km 4,4, GPS N 54°41.051' E 009°56.417')
- ☕ Dorf-Café Rabel, Schulstraße 18, 24376 Rabel, ☎ 046 42/63 39, 🕐 Apr.-Okt. 14:00-18:00, Fr-So zusätzlich 9:00-12:00, Mi Ruhetag

Mit dem Dorf-Café im Rücken und Blick auf den Spielplatz starten Sie auf der Schulstraße nach rechts und biegen dann hinter dem Feuerwehrgerätehaus nach links in die Dorfstraße ein. Rabel überrascht mit einem kreativen Durcheinander an Baustilen, am Wegesrand ist vom Reetdachhaus über Rotklinker der 1960er-Jahre bis zum Blockbohlenhaus und nüchtern-modernen Pultdach alles vertreten. An der Kreuzung bei der Rastbank hinter dem Fahrradverleih ❶ wenden Sie sich nach links und verlassen den Ort auf dem Buckhagener Weg Richtung Osten.

Die ruhige Straße führt durch Felder und links vom Weg wartet die nächste Rastbank. Am Waldanfang biegen Sie vor dem Sackgassenschild nach rechts auf die Straße mit dem Namen Schauheck ab und an der folgenden Kreuzung behalten Sie die Richtung bei und laufen geradeaus weiter. Voraus ist schon die Schlei zu erkennen, wo im Dunst die Masten der Segelboote im Hafen von Maasholm sanft hin- und herwiegen.

Bei dem weißen Reetdachhaus in Rabelsund geht es eigentlich rechts auf dem unbefestigten Wanderweg weiter, der Abstecher knapp 100 m geradeaus ans Schleifufer ❷ gehört aber zum Pflichtprogramm. Unten wartet im Schatten der Bäume eine Rastbank mit phänomenalem Schleirundumblick von Schleimünde auf der einen und Kappeln auf der anderen Seite.

Die vorbeisegelnden Schiffe sind zum Greifen nahe.

Nach dem Ausblick geht es zurück zum bereits bekannten Reetdachhaus und mit der Schlei im Rücken nach links weiter. Der Weg führt unter einer Hochspannungsleitung durch und vorbei an einer ⚃ Rastmöglichkeit mit Tisch und Bänken. Es geht immer am Feldrand auf dem Hochufer weiter und der Blick reicht bis Kappeln.

Blick nach Kappeln

Schließlich schwenkt der Weg nach rechts ins Landesinnere und führt kurz vor der Bundesstraße an den ersten Häusern von Rabel nach rechts auf die Straße ❸.

An der Kreuzung 350 m weiter biegen Sie links in den Brennholzer Weg ein und werden bald darauf vom Ortsschild begrüßt. Hinter dem roten Holzhaus mit der Nr. 1 folgen Sie dann der Dorfstraße nach rechts und laufen zurück zum Startpunkt am Dorfplatz.

⑮ Hasselberg

Tour für Sandburgen- und Strandfans

Aushängeschild der knapp 1.000 Einwohner zählenden Gemeinde Hasselberg ist der etwa 2,5 km lange Naturstrand. Diese Tour bietet daher ausreichend Gelegenheit für ein Bad in der Ostsee und erkundet auch das reizvolle Hinterland mit saftigen Wiesen, weiten Feldern und idyllischen Wäldchen.

↻	Hasselberg Strand, Drecht 6, 24376 Hasselberg, GPS N 54°43.013' E 009°59.336'
⟳	4,7 km
⌛	1 Std. 15 Min
↑↓	20 m/20 m
⇧	0-15 m
✎	Der nördliche Abschnitt der Tour ist mit der Markierung „rosafarbene Muschel" gekennzeichnet.
🥾	Die Strecke verläuft überwiegend auf befestigten Wanderwegen und zu einem kleineren Teil auf asphaltierten Nebenstraßen oder Gehwegen.
✕	Strandrestaurant und Imbiss am Campingplatz (km 0,4 bzw. km 4,3)
ᴨ	entlang des gesamten Strandabschnitts zahlreiche Sitz- und Rastmöglichkeiten mit Tischen
🛒	in der Saison Kiosk am Campingplatz Hasselberg (km 0,4 und 4,3) und in der Appartmentanlage Godewind (km 3,4)
WC	öffentliche Toilette am Strand bei km 3,5 und km 4,1
🏊	2,5 km langer Natur-Badestrand an der Ostsee (km 0 bis km 0,4 bzw. km 3,5 bis km 4,7), im Sommer von der DLRG überwacht, keine Kurtaxe
👪	Die Tour ist gut für eine Wanderung mit Kindern geeignet. Bei Bedarf lässt sich die Strecke halbieren, indem man im Wald vor Hof Fehrenholz nach rechts zum Strand läuft.
🛒	Die Strecke ist gut mit Buggys zu befahren. Einzige Einschränkung ist das enge Tor vor Hof Fehrenholz, das mit breiteren (Zwillings-)Kinderwagen Probleme bereitet.
🐕	Die Tour ist mit Hunden möglich, es besteht aber über weite Strecken Leinenpflicht. Der Hundestrand befindet sich direkt neben dem Badestrand vor dem Campingplatz Hasselberg (auch dort sind Hunde erlaubt), hier dürfen Hunde frei laufen, sollten aber in Rufweite bleiben.

keine praktikable Busanbindung
großer, gebührenfreier Parkplatz (Beschilderung „Hasselberg Strand") hinter dem Deich zwischen Campingplatz Hasselberg und Camping Gut Oehe

Vom gebührenfreien Parkplatz vor dem Hasselberger Strand erklimmen Sie den Deich und wenden sich, in Richtung rauschende Wellen und spritzende Gischt der Ostsee guckend, nach links. Sie passieren den Hundestrand und finden, wie im gesamten Strandverlauf, zahlreiche Sitz- und Rastgelegenheiten. Nach gut 300 m wenden Sie sich an der Rezeption des Campingplatzes Hasselberg auf der Straße nach links ins Landesinnere. Gegenüber der Rezeption bieten der Imbiss und das Strandrestaurant Hasselberg eine erste Gelegenheit zur Einkehr und in der Saison hat der kleine Kiosk alle wichtigen Waren des täglichen Bedarfs im Angebot.

Campingplatz Hasselberg, Drecht 7, 24376 Hasselberg, ☏ 046 42/63 83, 🖥 www.camping-hasselberg.de

Strandrestaurant Hasselberg, Drecht 7, 24376 Hasselberg, ☏ 01 74/699 37 31, Saison von März-Mitte Okt. Mo/Di/Do/Fr ab 16:00, Sa/So ab 12:00

Am Ende des Campingplatzgeländes biegen Sie vor dem Spielplatz nach rechts auf die Straße und können im weiteren Verlauf der Markierung der rosafarbenen Muschel folgen.

Es geht auf einer ruhigen, kaum befahrenen Straße landeinwärts und am nächsten Hof laufen Sie geradeaus auf den Feldweg ❶.

Ostseestrand

Er beschreibt eine Rechtskurve und bringt Sie bei einer Rastbank in den Wald, wo Sie geradeaus weiterlaufen und den Abzweig zum Strand rechts liegen lassen.

Der Weg schlängelt sich in einer Links-Rechts-Kehre zum nordöstlichen Waldrand und durch ein enges Gatter, das mit breiteren Kinderwagen exaktes Rangieren erfordert, betreten Sie Hof Fehrenholz ❷. Der folgende Abschnitt ist Privatgelände, auf dem Familie Birkhoven Wanderern dankenswerterweise das Passieren gestattet. Damit das auch in Zukunft so bleibt, sind die Hinweisschilder bitte unbedingt zu berücksichtigen. Hunde müssen angeleint werden und die Tiere auf dem Hof dürfen nicht gefüttert werden.

Hof Fehrenholz

Strandidylle

Laufen Sie dann gleich bei den Hofgebäuden nach rechts und weiter auf dem Feldweg in Richtung Ostsee. Nach etwa 600 m entlässt Sie der Feldweg an einem großen Reetdachanwesen mit blau-weißen Fenster- und Türrahmen auf die Dänische Straße, an der Sie dem Radweg nach rechts folgen.

Sie laufen weiter Richtung Strand und biegen hinter den Appartements Godewind auf den Deich nach rechts ❸. Natürlich kann man auch direkt am Strand weiterlaufen.

Auf Höhe der DLRG-Wasserrettungsstation erreichen Sie die Ausläufer des bereits bekannten Campingplatzes und es sind nur noch ein paar Meter auf dem Deich zurück bis zum Parkplatz.

⑯ Maasholm

Wanderung für Vogelfreunde und Fischereiliebhaber

Ganz am Ende der Schlei, westlich der Mündung in die Ostsee, trennt eine Landzunge das Wormshöfter Noor von der Schlei. Start der Rundtour über diese idyllische Halbinsel ist das kleine Dorf Maasholm, in dem Fischerkaten, Kopfsteinpflaster und moderne Segeljachten für viel maritimes Flair sorgen. Im weiteren Verlauf wechseln Sie von der Schlei an die Ostsee und auf dem Deich geht es bis zum Vogelschutzgebiet an der Schleimündung und zurück nach Maasholm, wo die Tour bei einem Fischbrötchen ausklingen kann.

↻	Start/Ziel: Hafen Maasholm, Uleweg, 24404 Maasholm, GPS N 54°40.957' E 009°59.665'
↻	9,1 km
⌛	2 Std. 45 Min.
↑↓	30 m/30 m
⇧	0-10 m
✎	Der Wegverlauf ist nicht markiert.
👟	Die Strecke verläuft überwiegend auf breiten Wanderwegen.
✕ ☕	breites gastronomisches Angebot in Maasholm zu Beginn bzw. am Ende der Wanderung, Landhaus Café & Bistro am Gut Oehe (km 4,1)
🪑	ausreichend Sitzbänke in regelmäßigem Abstand im gesamten Tourenverlauf
🏪	kleiner Dorfladen für Artikel des täglichen Bedarfs in der Hauptstraße von Maasholm
🏊	Bademöglichkeit am Ostseestrand (km 6)
👨‍👩‍👧	Die Tour lässt sich gut mit Kindern wandern. Höhepunkte sind der Ostseestrand und das Naturerlebniszentrum. Wer die Tour abkürzen möchte, startet am Wanderparkplatz in Exhöft und folgt dann dem Naturlehrpfad zum Naturerlebniszentrum.
🚼	Die Strecke ist durchgängig mit Buggys befahrbar.
🐕	Um sich mit Hunden den Gang durch den Ort zu sparen, beginnt man die Tour am besten am Parkplatz am Ortseingang von Maasholm.
🚌	Linie 625, Gelting-Maasholm-Kappeln, in der Woche mehrmals täglich, Haltestelle Maasholm-Exhöft
⛴	Ausflugsschiffe nach Schleimünde und Kappeln: „MS Stadt Kappeln", ☎ 046 42/61 84, 🖥 www.schlei-ausflugsfahrten.de, und „Wappen von Schleswig", ☎ 046 21/233 19, 🖥 www.schleischifffahrt.de

P gebührenpflichtiger Parkplatz am Jachthafen in Maasholm; weitere (kostenfreie) Parkplätze am Ortseingang (GPS N 54°41.219' E 009°59.587') und in Exhöft (GPS N 54°41.735' E 009°59.601'), beide liegen ebenfalls direkt an der Strecke und eignen sich daher gut als alternative Startpunkte.

Mit dem Park- und Wohnmobilstellplatz im Rücken laufen Sie in Maasholm an der Slipanlage vorbei in Richtung Hafen. Dahinter wacht seit 1999 die Bronzestatue „Peter Aal" über den Hafen, die einen Fischer mit seinem Aalstecher zeigt. Heute ist diese Form des Angelns verboten, früher bot sie den Fischern in strengen Wintern, wenn die Schlei zugefroren war, die einzige Möglichkeit, den Lebensunterhalt zu bestreiten.

Während zur Hochzeit der Fischerei ab etwa 1900 nahezu jeder Einwohner Maasholms der Fischerei nachging, erinnern heute nur noch ein paar bunte Fischkisten, Netze und Taue an diese Tradition. Es sind nur wenige Fischer übrig geblieben und in erster Linie wird der Hafen heute von Freizeitskippern angelaufen.

Auf Höhe des Seenotrettungskreuzers „Nis Randers" geht es nach rechts zwischen den Häuser durch. Hinter der denkmalgeschützten Seenotrettungsstation von 1918 mit Walmdach biegen Sie links auf die Straße Am Kliff ab, wenden sich nach wenigen Schritten nach links und stehen auf der gepflasterten Uferpromenade (Wegweiser: „de Maas rund").

Unterwegs am Strand von Maasholm

Auf der gesamten Tour warten Rastbänke zum Ausruhen, die wohl schönsten in Form von halben Fischerkähnen gibt es gleich hier zu Beginn. Rechter Hand liegt die weiße St.-Petri-Kirche mit rotem Satteldach und schlankem Turm. Erst 1952 eingeweiht, zählt sie zu den ersten Kirchenneubauten in Schleswig-Holstein nach dem Zweiten Weltkrieg. Sehenswert im Inneren ist ein Votivschiff der „Mayflower".

Morgenstimmung in Maasholm

Auf dem Wasser fallen die Kahnstellen ins Auge, die über 100 Jahre alt sind. Bis in die 1960er bildeten die Stege westlich des Ortskern den eigentlichen Hafen, von dem aus die Fischer mit ihren offenen, flachen Kähnen die seichten Schleibuchten ansteuerten, um dort Reusen oder Netze auszulegen. Die Pfähle dienten dabei gleichzeitig als Trockenplatz für die Netze. Noch heute nutzen einige der verbliebenen Maasholmer Fischer die „Parkbuchten" für ihre Schleikähne, inzwischen machen aber auch viele Privatleuten hier ihr Sportboot fest.

Hinter den Kahnstellen zwingt ein Werftgelände zu einem kleinen Schlenker landeinwärts. Anschließend nehmen Sie gleich die erste Möglichkeit nach links ❶ und kommen auf der Norderstraße nach 25 m geradeaus zurück auf den Fuß- und Radweg direkt am Schleiufer.

✕ Restaurant Schleieck, Schmiedestraße 140, 24404 Maasholm,
☎ 046 42/60 16, 🖳 www.schleieck-maasholm.de, 🕒 Di, Do, Fr 16:30-22:00, Sa/So/Fei 12:00-22:00

Hinter der Terrasse des Hotels/Restaurants, bei dem sowohl Fischspezialitäten wie auch hausgemachte Kuchen und Torten auf der Speisekarte stehen, folgen Sie dem Radweg neben der Straße nach links und kehren Maasholm vorerst den Rücken. Sie laufen nun für 1,7 km immer am Schilfgürtel entlang in nördliche Richtung und passieren den Ortsteil Exhöft. Dort, wo am Ufer voraus die Häuser von Wormshöft auftauchen, folgen Sie bei der Bushaltestelle dem Wegweiser „Maasholm-Bad" nach rechts und laufen immer geradeaus weiter, zuerst auf dem Bürgersteig, später auf der Straße.

Nach gut 700 m biegen Sie an der Rastbank am weißen Zaun vor Gut Oehe nach links auf den kombinierten Fuß- und Radweg ab ❷ (wer im Landhaus Café & Bistro einkehren möchte, kann auch direkt auf der Zufahrtstraße zum Gut weiterlaufen).

Den Wanderweg durch den lichten Wald verlassen Sie nach etwa 500 m und gehen weiter auf dem Ostseedeich. Linker Hand ist in knapp 500 m Entfernung der ⛺ Campingplatz Gut Oehe (🖥 www.camping-oehe.de, mit 🛒 kleinem Supermarkt und ✗ Restaurant Angelo, 📅 April-September) zu sehen. Um zurück nach Maasholm zu gelangen, wenden Sie sich

Kahnstellen und St.-Petri-Kirche

nach rechts und nach wenigen Schritten ergibt sich die Möglichkeit für einen kurzen Abstecher nach rechts zum Landhaus Café & Bistro.

✕ Landhaus Café & Bistro, Oehe 1a, 24404 Massholm, ☏ 046 42/924 87 00, 🖥 www.landhaus-oehe.de. 🕒 Café & Bistro Do-So 11:00-17:00, Restaurant Do-So ab 18:00

Für den Weg zurück nach Massholm wandern man zunächst am besten auf dem Deich, da der Strand auf dem ersten Abschnitt noch recht steinig ist. Im weiteren Verlauf wird der Sandstrand erreicht und es lässt sich auch gut direkt am Wasser laufen, bis nach knapp 2,5 km mit freiem Ostseeblick der Zaun des Vogelschutzgebiets ❸ den Weg versperrt.

⌘ Naturschutzhütte des Naturschutzvereins Jordsand mit naturkundlicher Ausstellung, 🕒 Apr.-Okt. etwa 10:00-17:00, Mo geschlossen, Führungen ins NSG mit dem Vogelschutzwart täglich (außer Mo) um 10:00 und 15:00

Vor der Hütte wenden Sie sich nach rechts landeinwärts und nach gut 500 m zweigt nach rechts der Zugang zum Naturerlebniszentrum Maasholm ab. Untergebracht auf einem ehemaligen Militärgelände, auf dem einst Abwehrraketen lagerten, vermittelt es anschaulich vielfältige Informationen über die Natur von Schlei und Ostsee. Auf dem großen Außengelände gibt es neben einem Wind-und-Wasser-Küstenspielplatz auch viele spannende Mitmach-Stationen zu entdecken.

⌘   Naturerlebniszentrum Maasholm, Exhöft-Seeberg 1, 24404 Maasholm,
     www.naturerlebniszentrum.de, Ausstellung Ostern-Okt. tgl. 10:00-17:00, Freigelände ganzjährig, Eintritt frei

Vogelwärterhäuschen am Beginn der Naturschutzgebietes

Für den Weg zurück zum Startpunkt folgen Sie dem Deich weiter am Ufer entlang. Etwa 750 m hinter dem Naturerlebniszentrum liegt mit dem Hegeberg die höchste Erhebung Maasholms.

Spielplatz am Naturerlebniszentrum

Bei guter Sicht reicht der Blick aus der stolzen Höhe von immerhin 8,3 m bis zur 30 km entfernten, dänischen Insel Aero und im Südosten bis zur Landeshauptstadt Kiel.

Nach dem ausgiebigen Panoramablick bringt Sie der Deich zurück zum Startpunkt in Maasholm-Dorf.

Schleimünde und Lotseninsel

Auf dem Weg vom Hegeberg zurück nach Maasholm fällt der Blick unweigerlich auf den über 14 m hohen Leuchtturm, der sich seit 1871 auf der äußersten Spitze der Nordmole der Lotseninsel erhebt, um den Schiffen den Weg von der Ostsee in die Schlei zu weisen. Die heutige Durchfahrt entstand Ende des 18. Jahrhunderts durch einen Durchstich des vom Schwansener Ufer ausgehenden Nehrungshakens, weil die natürliche, weiter nördlich gelegene, seichte Mündung für die Durchfahrt mit Schiffen ungeeignet war.

Heute ist die Lotseninsel ein beliebtes Ausflugsziel, das allerdings nur per Schiff (z. B. mit der „MS Stadt Kappeln" oder der „MS Wappen von Schleswig" ab Maasholm) erreicht werden kann. In den Wintermonaten gibt es keine regelmäßige Schiffsverbindung.

⑰ Steilküste Schönhagen

Wanderung für Fans schroffer Küsten

Zentraler Knotenpunkt der Tour ist Schönhagen, ein Ortsteil der Gemeinde Brodersby an der Ostsee. Der nördliche Abschnitt in der ersten Hälfte führt durch das hügelige Hinterland Schwansens bis zum langen, breiten Weidefelder Strand. Im Süden warten dagegen ein eindrucksvolles Steilkliff und das Naturschutzgebiet Schwansener See.

↻	Start/Ziel: Schloss Schönhagen, Am Park, 24398 Brodersby, GPS N 54°37.781' E 010°01.452'
↻	13,9 km
⧖	4 Std. 45 Min.
↑↓	100 m/100 m
⇧	0-40 m
✎	keine durchgängige Markierung vorhanden
🚶	ungefähr gleicher Anteil an asphaltierten Geh- und naturbelassenen Wanderwegen
✗	Einkehrmöglichkeiten in Schönhagen (km 0 bzw. km 8,9 bzw. km 13,9), Pfoten-Café (km 4,6, nur im Sommer Sa/So), Restaurant Lobster am Weidefelder Strand (km 7,1)
⊓	besonders zahlreich sind die Sitz- und Rastgelegenheiten entlang des Ostseestrandes (km 7,1 bis km 9,3)
🏪	kleiner Supermarkt in Schönhagen hinter dem Strand (km 8,9)
🏖	weitläufiger Badestrand an der Ostsee (km 7,1-km 8,5), kostenpflichtig Apr.-Okt.
WC	öffentliche Toiletten direkt hinter der Strandpromenade neben dem Spielplatz in Schönhagen
👪	Für Kinder besonders interessant sind natürlich der Ostseestrand und der große Spielplatz in Schönhagen. Da die große Runde mit Kindern, die selbst laufen, in den meisten Fällen wohl zu lang ist, empfiehlt es sich, nur die nördliche oder nur die südliche Runde ab Schönhagen zu laufen. Der Weg oben auf dem Kliff ist nicht gesichert und daher für kleinere Kinder nicht geeignet.
🛒	Mit dem Kinderwagen sollte man sich auf die Runde nördlich von Schönhagen beschränken, die sich gut befahren lässt. Nicht zu empfehlen ist dagegen die südliche Hälfte, da der Weg weder unterhalb noch oben auf dem Kliff befestigt ist.
🐕	Für Hunde besonders gut geeignet ist die südliche Runde. Entlang der Strandpromenade sind Hunde an der Leine zu führen. Der Hundestrand ist zwischen dem FKK- und dem normalen Badestrand in Schönhagen zu finden.

🚌 an Werktagen mehrmals täglich Buslinie 711 von Kappeln nach Eckernförde mit Stopp in Schönhagen (Haltestelle Schönhagen, Schloss), aktueller Fahrplan unter 💻 https://nah.sh

🅿 kostenfreier Parkplatz vor der Helios Klinik Schloss Schönhagen, alternativ gebührenpflichtiger Parkplatz beim Restaurant Lobster am nördlichen Ende des Weidefelder Strands (Strandstraße, 24376 Kappeln, GPS N 54°39.063' E 010°01.788')

Ein guter Ausgangspunkt für die heutige Tour ist der öffentliche Parkplatz bei Schloss Schönhagen an der Ostseestraße südlich vom kleinen Ortszentrum. Schloss Schönhagen entstand zu Beginn des 18. Jh. als Rittergut, heute ist es Sitz einer Rehabilitations-Klinik.

Vom oberen (südlichen) Ende des Parkplatzes folgen Sie der Straße Am Schlossteich nach rechts und laufen beim Torbogen weiter geradeaus bis zum Feuerwehrgerätehaus. Hier kehren Sie der Straße den Rücken und nehmen den nach links abzweigenden Wanderweg durch die Felder. Zur Rechten glitzert in der Ferne die Ostsee.

Strandkörbe an der Ostsee

17 1:50.000

Bei den Windkraftanlagen auf einer kleinen Anhöhe folgen Sie der Straße nach rechts und knapp 500 m weiter biegen Sie vor dem Solarpark rechts auf den Langacker Weg ❶. 700 m hinter dessen Rechtskurve biegen Sie links auf den Feldweg ab, der Sie nach etwa 300 m auf die nächste Straße entlässt, der Sie nach rechts folgen.

Sie schlängelt sich ruhig durch saftgrüne Weiden bis zum Tierheim Weidefeld ❷, wo der Tierschutzverein am Wochenende ein kleines Café für zwei- und vierbeinige Besucher betreibt.

☕ Pfoten-Café, Weidefelder Weg 14b, 24376 Kappeln, ☎ 046 42/98 71 21,
📅 Apr.-Sept. Sa/So 14:00-17:00

An der Kreuzung hinter der Tierheimzufahrt biegen Sie rechts ab, ein Stück weiter beim Ferienhof Wick dann links. Am letzten Hofgebäude endet die Asphaltdecke und der unbefestigte Feldweg bringt Sie an den Strandweg. Hier wenden Sie sich nach rechts und folgen dem Radweg neben der Straße bis zum Strand ❸.

✗ Strandrestaurant Lobster, Weidefelder Strand 1, 24376 Kappeln,
   ☎ 046 42/84 44, 🖥 www.lobster-kappeln.de, 🕒 Apr.-Okt. Di-So 10:00-21:00, März Sa/So ab 10:00, Nov./Dez geschlossen

Wer nicht im Restaurant einkehren möchte, findet nebenan von Mai bis September einen Strandimbiss, und es gibt einen großen Kinderspielplatz. Nun geht es auf dem Deich mit Ostseeblick hinter dem Strand in südliche Richtung nach Schönhagen.

Hier beginnt der Hundestrand

🐕 Der Hundestrand beginnt etwa 800 m hinter dem Lobster und endet vor dem Beginn des FKK-Strands ca. 0,6 km vor Schönhagen

✗ WC Vor dem blauen Gebäude mit der Touristinformation gibt es einen großen Kinderspielplatz ❹, öffentliche Toiletten, einen Fischimbiss sowie einen Crêpes- und Wok-Stand.

🛒 Hinter der Touristinfo liegt rechter Hand ein kleiner Supermarkt.

Südlich von Schönhagen wechselt die Küstenform vom Badestrand zu einer beeindruckenden Steilküste. In der Abbruchkante nisten Uferschwalben und an der höchsten Stelle misst das imposante Schönhagener Kliff 18 m. Bei klarer Sicht kann man bis zu den dänischen Inseln gucken.

Für die folgende Strecke hat man die Wahl, entweder auf einem schmalen Pfad oben auf der Kliffkante oder am Strand vor dem Steilufer weiterzulaufen, wo die Ostseebrandung am Kliff nagt und den Sand ausspült, sodass nur die größeren Steine zurückbleiben.

Steilkliff

Der Weg oben auf dem Kliff verläuft sehr dicht an der ungesicherten Abbruchkante.

Die Warnhinweise sind unbedingt ernst zu nehmen und die Strecke ist nicht für kleinere Kinder geeignet.

Möwe und Brandung

Nach gut 2 km ist das Ende der Steilküste erreicht. Voraus rücken die Hochhäuser von Damp in den Blick und Sie erreichen das Naturschutzgebiet Schwansener See. Dabei handelte es sich einst um eine Bucht der Ostsee, die durch den Transport des am Kliff abgespülten Materials vor etwa 100 Jahren von der Ostsee abgetrennt wurde. Der See mit seinem breiten Schilfgürtel und den angrenzenden Salzwiesen ist ein wichtiges Brutgebiet für seltene Vogelarten und wird auch für die Rast und Überwinterung genutzt.

Gute Beobachtungsmöglichkeiten der reichhaltigen Vogelwelt im Naturschutzgebiet und einen weiten Blick über die angrenzenden Felder und die Ostsee eröffnet die frei zugängliche Aussichtsplattform an der Infohütte des Naturschutzbundes ❺ und von April bis September werden regelmäßig Führungen angeboten (🖥 https://schleswig-holstein.nabu.de). Vor der Infohütte biegen Sie rechts auf den geteerten Radweg, der durch Pferdekoppeln, Wiesen, Weiden, Felder und Äcker bis zur Ostseestraße führt, die Sie vorsichtig überqueren. Knapp 300 m weiter kommen Sie zurück an den vom Tourenstart bekannten Torbogen vor dem Schloss und wenden sich nach rechts, um zurück zum Parkplatz zu gelangen.

Halbinsel Schwansen

Rückweg von Stubbe nach Rieseby über Felder und durch Wald, Tour 19

Anzeigen

JEDES
ABENTEUER BEGINNT
MIT

REISE / OUTDOOR / BERGSPORT

freytagberndt.com

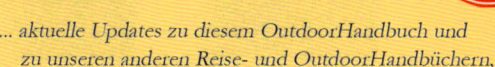

Besuchen Sie uns doch einmal auf unserer Homepage.

Dort finden Sie ...

... aktuelle Updates zu diesem OutdoorHandbuch und zu unseren anderen Reise- und OutdoorHandbüchern,
... Zitate aus Leserbriefen und Pressestimmen,
... interessante Links,
... unser komplettes und aktuelles Verlagsprogramm, auch zum Download & viele interessante Sonderangebote für Schnäppchenjäger.

www.conrad-stein-verlag.de

Vorbei an einem Bewegungsparcours geht es durch den Wald am Noorufer entlang zurück zum Startpunkt am Gut Schnaap.

Während der Rundwanderung um das Windebyer Noor treffen Sie auch auf die gelbe Jakobsmuschel als Symbol der Jakobspilger auf dem Weg nach Santiago de Compostela. Sie markiert die Strecke der Via Jutlandica, des jütländischen Wegs, der von der dänischen Grenze nach Schleswig führt, wo sich die Strecke teilt. Die westliche Variante verläuft über Rendsburg und Glückstadt nach Stade, wo die Via Baltica erreicht wird. Die Ostvariante führt über Eckernförde, Kiel und Plön nach Lübeck.

Wanderwegmarkierung

Auf Höhe der Holzbrücke ❺ an der Nordseite des Innenhafens erhebt sich das Wahrzeichen von Eckernförde. Das mächtige Rundsilo wurde zu Beginn der 1930er-Jahre errichtet und fasste bis zu 3.500 Tonnen Getreide. Seit 1986 wird es nicht mehr als Getreidespeicher genutzt, das Erdgeschoss beherbergt heute das Restaurant Luzifer.

✗ Luzifer im Speicher, Frau-Clara-Straße 19, 24340 Eckernförde,
☎ 043 51/ 47 06 61, 🖥 www.luzifer-sylt.de, 🕗 tgl. 10:00-22:00

Eichhörnchen-Schutz-Station

Das Eichhörnchen ist das Wappentier der Ostseestadt Eckernförde und genießt deshalb hier einen ganz besonderen Schutz. Seit 2006 kümmert sich das von verschiedenen Organisationen getragene Eichhörnchen-Projekt Eckernförde um elternlose, kranke oder verletzte Eichhörnchen. Sie werden aufgepäppelt, um anschließend wieder in die Natur ausgewildert werden zu können und Tiere, die in der freien Natur nicht mehr allein zurechtkommen würden, dürfen ihren Lebensabend in einem großen Naturgehege verbringen.

Das Großgehege bietet tolle Beobachtungsmöglichkeiten der putzigen Baumkronenartisten und vermittelt interessante Informationen zu Eichhörnchen und deren Lebensraum – gerade für Familien mit Kindern ein tolles Erlebnis.

♦ Eichhörnchen-Station im UmweltInfoZentrum (kurz vor der Ampel über die Bundesstraße weist ein Hinweisschild auf die Eichhörnchen-Station hin, die Sie in der direkten Verlängerung des Hans-Christian-Andersen-Wegs finden),
☎ 043 51/72 02 55, 🖥 www.eichhoernchen-eck.de, 🕗 Di, Mi, Sa, So 10:00-16:00

Am Ende des Hafenbeckens halten Sie sich rechts und laufen dann schräg nach links über die Fußgängerampel und durch das Gewerbegebiet vorbei an Discounter, Fast-Food-Restaurant und Baumarkt.

Beim Autohaus überqueren Sie die Bundesstraße an einer Fußgängerampel, kehren dem Stadttrubel den Rücken und sind zurück am Noor. Bei der Noorfischerei Mahrt wenden Sie sich nach rechts und folgen dem breiten Wanderweg an der Kleingartenkolonie Costa Noora vorbei. Im folgenden Abschnitt folgt der Wanderweg der alten Bahntrasse, auf der bis 1954 die Züge der Kreisbahn verkehrten.

Nach knapp 1 km erreichen Sie hinter dem Spielschiff am Strandende das Ostsee Info-Center mit Aquarien und einem großen Fühlbecken.

⌘   Ostsee Info-Center, Jungfernstieg 110, 24340 Eckernförde, ☎ 043 51/72 62 66,
    💻 www.ostseeinfocenter.de, 🕐 ganzjährig geöffnet: 01.04.-31.10. tgl. 10:00 bis 18:00, 01.11.-31.03. Di-So 11:00 bis 17:00

An der Spitze des Jachthafens erhebt sich der rot-weiße Leuchtturm. Sie folgen der breiten Promenade am Hafen entlang, wo Fischer frisch angelandeten Fisch direkt vom Kutter verkaufen und sich der alte Eckernförder Leuchtturm 12 m in die Höhe hebt. Sein Feuer in 11 m Höhe wies den Kapitänen von 1911 bis 1981 zuverlässig den Weg in den Eckernförder Hafen. Nach seinem Dienstende wurde er in den Eckernförder Stadtfarben blau-gelb angestrichen, um Verwechslungen mit dem aktiven Signalgeber zu vermeiden.

Breiter Wanderweg am Ostufer

Blick aufs Windebyer Noor

Nun geht es immer in Ufernähe weiter, vorbei an einer weiteren ⚑ Schutzhütte ❷ bis zu einem ⚑ Unterstand am Wanderparkplatz am Windebyer Weg.

Hier folgen Sie dem Radweg neben der Straße nach links und erreichen kurz hinter der Zufahrt zu Gut Windeby das Ortsschild von Eckernförde. Im Kreisverkehr bei der Schule am Noor ❸ entscheiden Sie sich für die erste Abfahrt nach links und laufen, erst auf dem Stolberg-, dann auf dem Lorenz-von-Stein-Ring, durch die Wohnsiedlung.

Der Lorenz-von-Stein-Ring wird zum Kakabellenweg und führt Sie am 🚐 Wohnmobilstellplatz vorbei. Hinter dem 🛒 Supermarkt laufen Sie auf der Flensburger Straße kurz nach rechts bis zur Unterführung und wenden sich auf der gegenüberliegenden Straßenseite vor den Häusern nach links.

Vor dem Parkplatz laufen Sie nach rechts und durch die Bahnunterführung bis zur Fußgängerampel. Nach dem Überqueren folgen Sie der Preusserstraße und kommen über Zebrastreifen und am Parkplatz vorbei zur Strandpromenade ❹, der Sie nach links folgen.

🚆 Der Bahnhof in Eckernförde liegt an der Regionalbahnstrecke von Kiel nach Flensburg.

🅿 Wanderparkplatz am Start/Ziel; als alternativer Startpunkt bietet sich der Parkplatz Grüner Weg in Eckernförde an (GPS N 54°27.943' E 009°50.160').

Vom Wanderparkplatz Gut Schnaap beginnen Sie die Umrundung des Windebyers Noors entgegen dem Uhrzeigersinn auf dem Wanderweg nach rechts und passieren schon nach wenigen Schritten die erste ⊼ Schutzhütte. Der Weg verläuft in einiger Entfernung zum Ufer in südliche Richtung. Zur Linken fallen die Felder leicht zum Noor hin ab und am Horizont ist die Silhouette von Eckernförde zu erkennen.

Bei der zweiten ⊼ Schutzhütte ❶ biegen Sie links auf den Spurplattenweg ab. Nach einem Hinweisschild, das den Beginn der Naturstrecke und die eingeschränkte Begehbarkeit des folgenden Abschnitts bei nasser Witterung ankündigt, verengt sich der Platten- zu einem Wanderweg und führt hinab zu einem kleinen Strand.

㉒ Windebyer Noor

Wanderung für Natur- und Stadtentdecker

Einst mit der Ostsee verbunden, ist das Windebyer Noor heute ein bis zu 14 m tiefer Binnensee westlich von Eckernförde. Die Wanderung einmal rundherum verbindet stille Naturerlebnisse am Wasser und im Wald mit einem lebendigen Shopping-Bummel in der charmanten Altstadt mit schönem Hafen und einer Badepause am weiten Sandstrand des kleinen Ostseestädtchens.

↻	Start/Ziel: Wanderparkplatz Gut Schnaap, Schnaaper Weg, 24340 Eckernförde, GPS N 54°29.147' E 009°47.386'
⤴	11,6 km
⧗	3 Std. 15 Min.
↑↓	50 m/50 m
⇧	0-20 m
✎	Der Weg um das Noor ist mit grünen Pfeilen markiert (Ostsee-Laufküste Weg 1).
🥾	Der Rundweg ums Noor ist als breiter Wanderweg ausgebaut, im Stadtgebiet von Eckernförde läuft man auf gepflasterten Gehwegen und der Strandpromenade.
✕	zahlreiche Einkehrmöglichkeiten für jeden Geschmack in Eckernförde (km 6 bis km 8,5)
⊼	mehrere Schutzhütten mit Rastmöglichkeiten am Südufer des Noors (km 0,2, km 1,2, km 3,5 und km 4,1)
🛒	zahlreiche Supermärkte und Geschäfte in Eckernförde
🏊	Salzwasserwellenbad (km 6,5) und Strand (km 6,5 bis km 7,3) in Eckernförde
WC	öffentliche Toiletten am Strand in Eckernförde
👪	Die Tour verläuft überwiegend auf autofreien Wegen und ist daher für wandererfahrene, ältere Kinder, die kein Problem mit der Streckenlänge haben, gut geeignet. Im Ostsee Info-Center kann man Meeresbewohner aus nächster Nähe kennenlernen.
🚼	Die Strecke verläuft zum Großteil auf Sand- oder Pflasterwegen und ist bei trockener Witterung durchgängig ohne Probleme mit dem Kinderwagen befahrbar. Einschränkungen gibt es nach ergiebigen Regenfällen, dann kann es im Bereich des Südufers stellenweise sehr matschig werden.
🐕	Der Noorwanderweg ist für Hunde ideal. Auf den ausgewiesenen Hundestränden an der Ostsee können die Vierbeiner nach Herzenslust herumtoben, im Stadtgebiet müssen sie aber an die Leine.

Der Weg führt daher etwa 350 m landeinwärts und an der nächsten Möglichkeit wenden Sie sich nach rechts ❷, um am Ende des Steilhangs wieder ans Ufer zu treffen. Jenseits der Schlei auf der gegenüberliegenden Seite sind Borgwedel und Louisenlund zu sehen. Sie laufen nun immer am Ufer entlang und erreichen die 🏊 Badestelle in Weseby. Dahinter überqueren Sie einen schmalen Wasserlauf und laufen dann über die Straße Zum Strand in den Ort.

☺ Der Naschikönig in Weseby ist bei Einheimischen wie Touristen eine Institution und es ist ein Wunder, wie über 300 verschiedene Süßigkeiten in dem etwa 10 m² großen, feuerrot angestrichenen Kiosk Platz finden. Verpackt werden sie auf Bestellung der großen und kleinen Gäste einzeln in Papiertüten – das dauert natürlich seine Zeit und meist ist die Schlange meterlang. Wer nicht auf Süßigkeiten steht, bekommt auch Kaffee und selbst gebackenen Kuchen, den man dann unter den Sonnenschirmen hinter dem Kiosk mit Blick auf die Große Breite genießen kann.

🪑 🍴 Kiosk Naschikönig, Tannenweg, 24354 Kosel, 🕐 Apr.-Sept. tgl. geöffnet

An der Kreuzung beim Naschikönig ❸ wenden Sie sich auf der Straße Zum Schleiblick für etwa 200 m nach links und folgen dann beim Tümpel dem Pfad geradeaus zwischen Hecken und Zäunen unterhalb der Ferienhäuser bis zum Waldrand, wo Sie nach rechts leicht bergauf weiterlaufen. Gut 200 m weiter nehmen Sie den breiten Waldweg nach links.

Er bringt Sie für gut 1 km immer geradeaus in nördliche Richtung durch den Wald. An der Kreuzung, an der der breite Weg endet, laufen Sie nach links und gleich an der nächsten Möglichkeit rechts und kommen zurück an die Steilküste, wo Sie sich nach rechts wendend auf dem bekannten Weg zurück zum Startpunkt gelangen.

Missunde

Mit einer Breite von 135 m stellt die Missunder Enge quasi den Flaschenhals der Schlei dar und wurde immer wieder zum Schauplatz kriegerischer Auseinandersetzungen. 1864 markierte die Schlacht von Missunde den Beginn des zweiten Krieges zwischen Dänemark und Preußen, als die Herzogtümer Schleswig und Holstein die Unabhängigkeit von Dänemark anstrebten. Den ursprünglichen Plan, in Missunde überzusetzen, mussten die preußischen Truppen aufgrund schwerer Verluste allerdings aufgeben und entschieden sich dazu, die Schlei bei Arnis südlich von Kappeln zu überqueren.

Nach etwa 500 m wird der Weg flacher und schwenkt auf Schleihöhe als Waldweg ins Landesinnere, an der folgenden Kreuzung halten Sie sich rechts und kommen zurück ans Ufer. Am Horizont erheben sich Schleswiger Dom und Wikingerturm.

Von der Wiese geht es auf dem Pfad nach links im Wald weiter, das schöne Strandstück zur Rechten darf aus Naturschutzgründen aber nicht betreten werden. Dasselbe gilt für den steilen Uferabbruch im folgenden Küstenabschnitt, der stark abbruchgefährdet ist.

🐕 An der Badestelle in Weseby sind Hunde verboten.
🚌 keine praktikable Busanbindung
🅿 Parkplatz am Missunder Weg, ca. 100 m vor der Fähre

Den Ort Missunde gibt es gleich zweimal: einmal auf der Angelner Seite im Kreis Schleswig-Flensburg und einmal am gegenüberliegenden Schwansener Ufer im Kreis Rendsburg-Eckernförde.

Beide liegen in Sicht- und Rufweite und sind seit dem 15. Jahrhundert durch eine Fähre verbunden. 1969 ging die Ära der Muskelkraft zu Ende und seitdem verrichtet eine motorbetriebene Seilfähre ihren Dienst. Die Überfahrt für Fußgänger kostet € 0,60.

Die vorgestellte Tour startet am Südufer der Schlei. Vom Parkplatz am Missunder Weg laufen Sie in Richtung Wasser und biegen vor dem Fähranleger nach links auf den Uferweg, der direkt hinter dem Schilfgürtel am Ufer entlangführt. Am Ende der Ferienhaussiedlung geht es in den Wald und nachdem ein Schild „Vorsicht: Steilküste! Waldweg nicht verlassen. Betreten auf eigene Gefahr!" gewarnt hat, geht es hoch zur Abbruchkante des Missunder Kliffs.

An der nächsten Wegkreuzung ❶ halten Sie sich rechts (am Ende der Tour kommen Sie hier von links zurück) und laufen an dem Gebäude vorbei immer an der Steilküste entlang. Zwischen den Bäumen wird immer wieder die Missunder Enge sichtbar.

㉑ Missunder Steilkliff

Wanderung für Naturliebhaber

Auf der Fähre

Der Missunder Wald zwischen Missunde und Weseby am Ostufer der Großen Breite zählt zu den größten Waldgebieten an der Schlei und der Wanderweg entlang der imposanten Steilküste, an der Wasser und Wind beständig nagen, bietet unvergessliche Blicke über Große Breite und Missunder Enge.

↻	Start/Ziel: Fähranleger Missunde, Missunder Weg, 24354 Kosel, GPS N 54°31.374' E 009°43.081'
↻	7 km
⧖	1 Std. 45 Min.
↑↓	60 m/60 m
⇧	0-20 m
	Die Strecke ist nicht markiert.
	überwiegend naturbelassene Waldwege und Wanderpfade
✕	Restaurants und Fischimbiss am gegenüberliegenden Schleiufer (km 0 bzw. km 7), Kiosk Naschikönig (km 4)
⊼	an der Badestelle in Weseby (km 3,7)
WC	im Sommer Toilette an der Badestelle (km 3,7)
	Badestelle in Weseby (km 3,7)
👪	Höhepunkte für Kinder sind die Badestelle und der Kiosk Naschikönig in Weseby. Das Steilufer ist nicht gesichert.
	Die Tour verläuft über weite Strecke auf Waldwegen und setzt einen geländegängigen Kinderwagen voraus.

Unterwegs auf Feld- und Spurplattenwegen

☕ Kaffee-Garten am Ferienhof Hansen, Bohnertfeld 3, 24353 Kosel OT Bohnert, ☎ 043 55/370, 🕓 in der Saison 14:30-17:30

Nach dem Kaffeestopp folgen Sie dem Weg noch für 500 m weiter bis zur Kreuzung am nördlichen Ende von Bohnert. Für den Weg zurück zum Auto wenden Sie sich hier scharf nach rechts ❷.

Für den Rest der Tour folgen Sie nun der Straße für etwa 1,5 km in nördliche Richtung vorbei an der Rückseite des Hofcafés ❸ zurück zur Schlei, wo hinter dem Parkplatz das Hafencafé der Marina Hülsen zu schwedischer Apfeltorte und anderen Kuchenklassikern einlädt. Aber auch Herzhaftes wie Flammkuchen aus dem Steinbackofen ist im Angebot. Direkt nebenan liegt die 〰 Badestelle mit überdachtem ⊼ Rastplatz.

☕ Hafencafé Marina Hülsen, Hülsen 6, 24354 Kosel OT Bohnert, ☎ 043 55/899 90 02, 🕓 ab Karfreitag Fr/Sa 14:00-21:00, So/Fei 12:00-20:00, tägliche Öffnungszeiten im Juli/Aug

- ☕ Hafencafé an der Marina Hülsen (km 0 bzw. km 3,5), Kaffee-Garten am Ferienhof Hansen (km 1,5)
- ⊼ überdachter Rastplatz an der Badestelle neben der Marina Hülsen (km 0 bzw. km 3,5)
- ≋ Badestelle an der Marina Hülsen (km 0 bzw. km 3,5)
- 👪 Ruhige Straßen, auf denen kaum Autos unterwegs sind, und die geringe Distanz sowie die schöne Badestelle an der Marina Hülsen prädestinieren die Tour für eine Wanderung mit Kindern.
- 🚼 Auf den ersten 500 m parallel zum Schleiufer ist der Pfad schmal und unwegsam und allenfalls mit schmalen, geländegängigen Kinderwagen zu befahren. Der Rest der Strecke verläuft auf Plattenwegen oder Straßen.
- 🐕 Die Tour ist gut für Hunde machbar.
- 🚌 an Wochentagen 6x tgl. mit der Linie 713 (Fleckeby-Rieseby-Vogelsang-Grünholz), Haltestelle Bohnert-Ortsmitte, in Rieseby besteht Bahnanschluss
- 🅿 kostenloser Parkplatz für Café-Gäste an der Marina Hülsen

Sie verlassen den Parkplatz vor der Marina Hülsen bei der Wander-Infotafel, laufen über den Hof und hinter der Scheune dann nach links am Feldrand weiter. Der schmale Wanderpfad führt parallel zum Schleiufer nach Bohnertfeld. Nach knapp 500 m geht es durch ein Tor im Zaun und Sie stoßen auf einen Spurplattenweg.

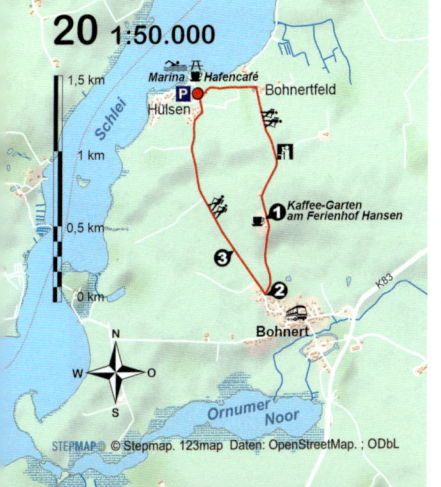

Nach links ermöglicht er einen Abstecher an die Schlei, für die Wanderung wenden Sie sich nach rechts. Der Weg führt leicht bergan und es lohnt sich, immer wieder einmal anzuhalten und über die Schulter zurückzublicken, um das schöne Panorama jenseits der Schlei zu genießen.

Sie durchschreiten Wiesen und Felder, passieren eine malerische Reetdachkate und erreichen das Hofcafé ❶, wo im Sommer täglich frisch leckere hausgemachte Kuchen und Torten serviert werden.

⑳ Bohnert

Spaziergang für Kuchen- und Tortenliebhaber

Dieser kurze und kurzweilige Spaziergang bietet tolle Ausblicke über die Schlei und trotz der geringen Distanz liegen gleich zwei schöne Ausflugscafés am Wegesrand. Am Ende der Tour warten Hafenpanorama und Badestelle an der Marina Hülsen.

- ↻ Start/Ziel: Marina Hülsen, Hülsen 6, 24354 Kosel, GPS N 54°32.799' E 009°45.269'
- ↻ 3,5 km
- ⧖ 1 Std.
- ↑↓ 50 m/50 m
- ⇧ 0-30 m
- ✎ sporadisch markiert als Tour 1
- 🛁 Die Wanderung folgt asphaltierten Nebenstraßen und ruhigen Spurplattenwegen.

Marina Hülsen

Von dem zuvor erwähnten Trafokasten an der Pferdekoppel führt der Feldweg in weiten Kurven durch die Felder nach Süden. Bei der alten Eiche nach gut 1 km halten Sie sich an der Kreuzung rechts und an der direkt im Anschluss folgenden Gabelung links. Die Strecke geradeaus ist als Wanderweg 2 markiert und bietet eine Querverbindung zur Schlei, die es ermöglicht, ab Gut Stubbe auch eine kurze Runde zu laufen.

Gut Stubbe

Sie gelangen an einem Schlagbaum vorbei in das Petriholz, ein größeres zusammenhängendes Waldstück, das Sie am Ende zurück auf die Felder entlässt, und bald lädt eine Sitzbank zum Verschnaufen ein. Eine weitere wartet am großen Findling, der etwas später erreicht ist. Der ruhige Wanderweg schlängelt sich durch die Felder und voraus ist schon die Silhouette der Windmühle Anna in Rieseby zu sehen.

Sie nähern sich dem nördlichen Ortsrand von Rieseby, biegen beim Klärwerk ❺ scharf links ab und halten sich hinter dem Sportplatz rechts. Neben dem Friedhof treffen Sie auf den Petriweg, der Sie zurück an den Startpunkt bringt.

Steg vor Gut Stubbe

Stubbe tauchte erstmalig 1406 als bischöfliche Burg in der Geschichtsschreibung auf und erhielt seinen Namen von „Stubben", was an die Waldrodung erinnert, mit der die Fläche landwirtschaftlich nutzbar gemacht wurde. Heute ist Gut Stubbe weithin bekannt für seinen Obst- und Gemüseverkauf und die Obstplantage, in der man selbst Äpfel, Birnen, Kirschen oder Zwetschgen pflücken kann.

Zur Stärkung und Einkehr auf der langen Wanderung ist der Abstecher zum Obsthof Stubbe sehr zu empfehlen (einfache Strecke ca. 1,2 km). Dazu laufen Sie auf dem breiten Zufahrtsweg zum Gutshof weiter geradeaus und erreichen nach 400 m einen Bahnübergang. Auf dem Bürgersteig an der Straße nach links sind es nun noch knapp 800 m in Richtung Schleibrücke bis zum Obsthof Gut Stubbe mit einem schönen Café direkt an der Schlei.

Café Landküche Stubbe und Hofladen, Lindaunisbrücke 3, 24354 Rieseby, 043 55/14 58, www.gut-stubbe.de, Mi-So 9:00-18:00

Anschließend leitet Sie der Feldweg über das Gelände des Wassersportvereins direkt ans Schleifufer. Nach etwa 1 km gesellt sich von rechts kommend der quer durch das Petriholz verlaufende Wanderweg dazu ❸ und auf den folgenden Kilometern führt der Weg an kleinen Stränden und imposanten Steilküstenabschnitten durch schattigen Buchenwald mit leuchtendem Farn am Boden.

Der Weg verläuft dabei in einem stetigen Auf und Ab mal etwas oberhalb des Ufers, mal direkt auf Schleihöhe, und in den Senken muss hin und wieder auch einmal ein quer verlaufender Wasserlauf überquert werden.

Schließlich taucht voraus in einiger Entfernung die Klappbrücke von Lindaunis auf. Bei der Weggabelung am Ende des Waldes (N 54°34.459' E 009° 48.769') halten Sie sich rechts und erreichen Gut Stubbe. Sie wandern jetzt über Privatgelände und sollten sich rücksichtsvoll verhalten, um die Anwohner nicht zu stören.

Für den Rückweg nach Rieseby biegen Sie hinter dem Gutshof bei dem Trafokasten vor der Pferdekoppel nach rechts ab ❹.

Bei der Mühle Anna handelt es sich um einen sogenannten „Galerie-Holländer", bei dem die Haube auf dem festen Untergeschoss mit der umlaufenden Galerie gedreht werden kann, sodass die Flügel optimal im Wind stehen. Von 1911 an war die Mühle für fast 70 Jahre in Betrieb. 1994 kaufte die Gemeinde das Gebäude und baute es zusammen mit örtlichen Vereinen zu einem Heimatmuseum um. Die oberen Etagen geben einen Einblick in die Geschichte von Mühle und Ort. Nebenan im Mühlenhaus findet sich ein kleines Kunstatelier, das neben Gemälden auch kleine Geschenkideen und regionale Produkte im Angebot hat.

⌘ Mühle Anna, Möhlnbarg 5, 24354 Rieseby, 🖥 www.muehle-anna.de;
Heimatmuseum: 📱 01 51/18 00 00 97, 🕒 März bis Dez. Sa/So 14:00-17:00; Atelier im Mühlenhaus: ☎ 043 55/98 99 81, 🕒 Mitte März bis Weihnachten Do-So 14:00-18:00

Von der Mühle folgen Sie dem Bürgersteig an der Straße noch für knapp 600 m und biegen dann nach rechts auf die Nebenstraße ab. Sie bringt Sie vorbei an Gut Büstorf zum Wanderparkplatz vor der Schlei ❷.

Obwohl die St.-Petri-Kirche im Ortszentrum von Rieseby aus dem 13. Jh. im Laufe ihres Bestehens mehrmals umgebaut wurde, ist sie ein beeindruckendes Beispiel der spätbarocken Backsteinarchitektur in Norddeutschland. Mit der Kirche im Rücken starten Sie auf der Dorfstraße nach rechts und passieren den Imbiss des Ortes.

✕ Ricos's Schnellrestaurant, Dorfstraße 40, 24354 Rieseby, ☎ 043 55/398 99 78, ⌚ Di-So 11:00-21:00

Gut 600 m weiter auf der Dorfstraße präsentiert sich hinter dem Angelteich Norby mit der historischen Windmühle Anna ❶ das zweite Wahrzeichen von Rieseby.

Windmühle Anna

⑲ Gut Stubbe

Wanderung für Naturliebhaber, Genießer und Heimatkundler 👫👫 🐕🐕🐕

Abwechslungsreich und autofrei führt diese ausdehnte Rundtour von Rieseby immer am Schleiufer entlang zum Gut Stubbe und dann durch stille Buchenwälder und eine jahrhundertealte Kulturlandschaft zurück.

Die Strecke hat zu jeder Jahreszeit ihren Reiz, besonders eindrucksvoll ist eine Wanderung aber im Frühjahr, wenn die Rapsfelder goldgelb blühen.

↻	St.-Petri-Kirche, Petriweg 1, 24354 Rieseby, GPS N 54°32.519' E 009°48.855'
↺	10,8 km
⌛	3 Std. 30 Min.
↑↓	100 m/100 m
⇧	0-30 m
✎	Die Strecke ist als Weg Nr. 1 gekennzeichnet.
🛣	Nur ein kleiner Teil der Wanderung verläuft auf Asphalt, der Großteil der Strecke folgt naturbelassenen Wald- und Feldwegen.
✕	Imbiss in Rieseby (km 0,1 bzw. km 10,7)
🍎	Obsthof Stubbe (↳ 1,2 km Abstecher ab km 7,7)
🪑	vereinzelt Sitzbänke im gesamten Streckenverlauf
🛒	Supermarkt in Rieseby
👫	Die Strecke ist über weite Strecken autofrei und daher gut für eine Wanderung mit Kindern geeignet. Die Querverbindung durch das Petriholz ermöglicht auch kürzere Rundtouren. Besonders spannend ist das Schleiufer, wo kleine Wasserläufe zum Staudammbauen animieren und auf umgestürzten Bäumen balanciert werden kann.
🚼	Die Tour ist für Kinderwagen nicht geeignet.
🐕	Die Strecke ist wie gemacht für Wanderung mit Hund.
🚉	Der Bahnhof von Rieseby liegt an der Bahnlinie von Flensburg nach Kiel und ist etwa 500 m östlich der Kirche zu finden.
🅿	Parkplatz vor der St.-Petri-Kirche in Rieseby; alternative Startpunkte sind der Wanderparkplatz bei Büstorf (GPS N 54°33.283' E 009°47.137') oder der Obsthof Stubbe (N 54°34.797' E 009°49.464').

Steg in Thumby

Gutshöfe in Schwansen

Von jahrhundertealten Bäumen bestandene imposante Gutshöfe mit weiten Feldflächen bestimmen das Landschaftsbild von Schwansen. Im Mittelalter war die Region zwar zunächst Bauernland, doch als es sich für den Adel lohnte, das Land selbst zu bewirtschaften, wurden die Bauern zu Leibeigenen und das Land dem Gutsbesitz zugeschlagen. Bis zur Mitte des 18. Jahrhunderts war Schwansen zu einem reinen Gutsland geworden und fast die gesamte Halbinsel unter 15 Gütern aufgeteilt.

Die Bauernbefreiung im 19. Jahrhundert sowie die Bodenreform nach den beiden Weltkriegen führten zwar dazu, dass Schwansen heute kein reines Gutsland mehr ist, aber es wird immer noch vom Charakter der Gutsbetriebe bestimmt.

Am Ende der Straße beim nächsten Haus biegen Sie dann rechts auf den breiten Waldweg ab ❸, folgen ihm für knapp 1 km und halten sich an der großen Kreuzung rechts. Am Waldrand setzen Sie die Wanderung auf dem breiten Feldweg fort, der sich durch Wiesen und Äcker bis Gut Staun schlängelt.

Rastbänke auf dem Uferwanderweg laden zu einer Pause ein

Auf dem Gutsgelände halten Sie sich vor dem Silo rechts, die Straße quert erneut die Hochspannungsleitung ❹. Voraus taucht in der Ferne die Schlei auf und Sie biegen vor der Kreisstraße nach links auf den Pfad ab, der Sie ein Stückchen weiter westlich an die Kreisstraße bringt. Auf der gegenüberliegenden Straßenseite finden Sie den Radweg, dem Sie nach links für etwa 200 m folgen. Bei der Infotafel der Gemeinde Thumby in der nächsten Linkskurve kehren Sie der Kreisstraße den Rücken und laufen nach rechts ❺.

Die ruhige, von Linden gesäumte Allee bringt Sie nach gut 1,5 km zurück an das bereits vom Hinweg bekannte Gut Bienebek und sich auf dem Uferweg nach links wendend kommen Sie auf dem bekannten Weg zurück nach Sieseby.

An der Kreuzung vor dem großen Reetdachanwesen folgen Sie dem Radwegweiser Richtung Karby/Winnemark geradeaus auf den Feldweg. Er führt zunächst noch weiter am Ufer entlang, entfernt sich aber dann vom Wasser und mündet nach etwa 1,7 km in eine Straße ❷, die Sie nach Winnemark bringt.

✗ Gasthof Victoria, Dorfstraße 3, 24398 Winnemark, ☏ 04644/860,
   🖥 www.gasthof-victoria.de, 🍴 tgl. Do – So ab 17:30, Sa/So zusätzlich 10:00-14:00

Am Gasthof Victoria überqueren Sie die Dorfstraße und setzen die Wanderung auf dem Grasweg neben dem Spielplatz fort. Vor den Häusern macht der Weg eine Rechtskurve und mündet nach gut 500 m in die Straße Emers, auf der Sie weiter geradeaus laufen. An der folgenden Gabelung halten Sie sich links in Richtung Böllermaas/Kralsburg, biegen aber gleich 100 m weiter rechts ab (Nixenburg) und laufen unter der Hochspannungsleitung durch.

Kleiner Sandstrand am Gut Bienebek

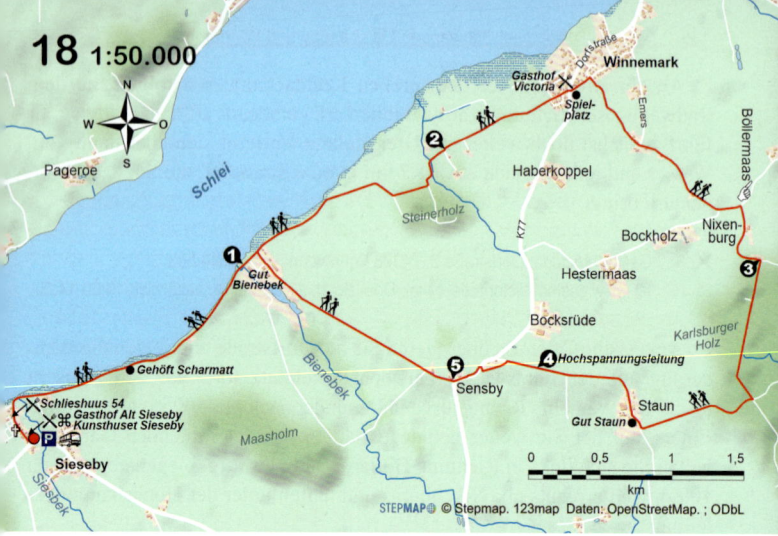

✕	Gasthof Alt Sieseby, Dorfstraße 24, 4351 Sieseby, ☏ 043 52/956 99 33,
	🕒 Di-So ab 12:00, im Winter Mi/Do ab 17:00, Fr-So ab 12:00
⌘	Kunsthuset Sieseby, Dorfstraße 24, 24351 Sieseby, ☏ 043 52/95 63 07,
	💻 www.kunsthuset.de, 🕒 Sommer Mi-So 11:00-18:00, Winter Sa/So 11:00-17:00

Der weitere Weg führt an der Dorfkirche vorbei zum zweiten Gasthaus des Ortes. Der angeschlossenen Genuss-Shop bietet zudem eine Auswahl an Delikatessen und Weinen zum Verkauf.

✕	Schliehuus 54, Dorfstraße 19, 24351 Sieseby, ☏ 043 52/25 31,
	💻 www.sh54/schliehuus54/, 🕒 Di-Sa 17:00-22:00

Hinter dem Schlie Krog erreichen Sie die Schlei, folgen dem Spurplattenweg in einer Rechtskurve und laufen dann immer am Schleiufer entlang vorbei am Gehöft Scharmatt. Unterwegs laden regelmäßig Rastbänke mit tollem Panoramaausblick zum Verweilen ein

Gut 2 km nach dem Start führt eine Brücke über einen schmalen Flusslauf und Sie erreichen einen kleinen Sandstrand am Gut Bienebek ❶ mit über 300-jähriger Geschichte. Es ist Wohnsitz der Herzogin von Schleswig-Holstein und kann nur von außen besichtigt werden.

⑱ Sieseby und Winnemark

Wanderung für Genießer und Reetdach-Liebhaber

Die zahlreichen reetgedeckten Fachwerkhäuser und die idyllische Lage machen Sieseby zu einem der schönsten Dörfer in der Region.

Die Tour beginnt und endet auf dem ruhigen Wanderweg direkt am Schleiufer, durchstreift mit dem Karlsburger Holz das größte Waldgebiet in Schwansen und führt an großen, für die Gegend typischen Gutshöfen vorbei.

↻	Ortsmitte Sieseby, Dorfstraße, 24351 Sieseby, GPS N 54°35.601' E 009°51.790'
↻	14,5 km
⧖	4 Std. 30 Min.
↑↓	70 m/70 m
⇧	0-30 m
✎	Der Weg ist nicht markiert.
🚶	ungefähr gleicher Anteil an asphaltieren Nebenstraßen, Spurplattenwegen und naturbelassenen Wanderwegen
✗	Gasthöfe in Sieseby (km 0,2 bzw. km 14,3), Gasthof Victoria in Winnemark (km 5)
☫	zahlreiche Rastbänke auf dem Weg entlang des Schleiufers zwischen Sieseby und Winnemark, im übrigen Tourenverlauf nur vereinzelt
👪	Die Tour ist aufgrund der Streckenlänge eher weniger für Wanderungen mit Kindern geeignet. In diesem Fall empfiehlt sich die Streckenwanderung von Sieseby nach Winnemark und zurück. In beiden Orten gibt es große Spielplätze.
🚼	Der Weg verläuft auf befestigten Wegen oder gut zu fahrenden Waldwegen.
🐕	Die Strecke ist gut für Wanderungen mit Hunden geeignet.
🚌	An Wochentagen 6x tgl., am Wo 3-4x tgl. Linie 713 von Fleckeby über Rieseby (Anschluss an die Bahn) nach Vogelsang-Grünholz, Haltestelle Siseby Wendeplatz
🅿	kostenloser Parkplatz in Sieseby an der Dorfstraße

Sie starten am öffentlichen Parkplatz und gehen vorbei am Gasthof Alt Sieseby. Direkt nebenan stellen im Kunsthuset fünf Kunsthandwerker aus der Region ihre Arbeiten aus. Natürlich kann man die Kreationen auch kaufen und wer möchte, kann den Künstlern beim Arbeiten über die Schulter schauen.